1か月で復習する
ロシア語
基本の500単語

竪山 洋子／オリガ・タラリキナ

音声無料
ダウンロード

語研

JN040968

音声について（音声無料ダウンロード）

◆ 本書の音声は無料でダウンロードすることができます。下記の URL または
　 QR コードからアクセスしてご利用ください。

https://www.goken-net.co.jp/catalog/card.html?isbn=978-4-87615-427-2

◆ 音声は，見出し語 → 例文の順番で 1 回ずつナチュラルスピードよりもやや
　 ゆっくりめで収録されています。

◆ 見出し語と例文にはルビをふりましたが，日本語にはない音もあるため，音
　 声を繰り返し聞いていただくのがより効果的です。

◆ 例文の上の下線 〰〰〰 は，音声の区切りを示しています。音声を聞きなが
　 ら発話の練習をする際にご活用ください。

⚠ 注意事項 ⚠

● ダウンロードで提供する音声は，複数のファイル・フォルダを ZIP 形式で 1 ファイル
　 にまとめています。ダウンロード後に復元してご利用ください。ダウンロード後に，
　 ZIP 形式に対応した復元アプリを必要とする場合があります。

● 音声ファイルは MP3 形式です。モバイル端末，パソコンともに，MP3 ファイルを再
　 生可能なアプリを利用して聞くことができます。

● インターネット環境によってダウンロードできない場合や，ご使用の機器によって再
　 生できない場合があります。

● 本書の音声ファイルは，一般家庭での私的使用の範囲内で使用する目的で頒布するも
　 のです。それ以外の目的で本書の音声ファイルの複製・改変・放送・送信などを行い
　 たい場合には，著作権法の定めにより，著作権者等に申し出て事前に許諾を受ける必
　 要があります。

はじめに

　現在，ロシア語を愛する私たちを取り巻く情勢は大変厳しいものです。ですが，どんな状況であろうと，「プーシキンが紡いだロシア語，トルストイやドストエフスキーが壮大な物語を編んだロシア語」は不滅です。ロシア語の講師をするようになってからますます，ロシア語は難しいけれども，なんて面白い言葉だろうと楽しく学習を掘り下げるようになりました。皆さんにも「攻略の楽しみ」を味わってほしいです。

　生徒さんからなにかいい単語集はありませんか？と聞かれることも多くありますが，この度，最後まで楽しく「攻略」ができる単語集を作成することができました。本書は書名のとおり，約1か月でスケジュールを立てながらロシア語の基本単語が学習できる単語集です。日常的によく使う単語を約500語厳選し，ネィティブの方が使う自然な表現をロシア出身のオリガ・タラリキナ先生に作成していただきました。また，ロシア語は比較的文字通りに読めばいい言語とは言われていますが，リエゾンしたり音が弱化したりすることがあります。初心者には難しいこともあるかもしれませんので，カタカナで極力発音に忠実に再現しました。ネィティブの発音を聞き取る際のガイドにしてください。例文内の語注はなるべく多く拾い上げ，見出し語と違う形になっているものには格変化も示し，一目で文法構成がわかる仕組みにしてあります。タイトルに復習とありますが，いつのまにかあいまいになっていた文法も確認できるように，文法編は端的な説明を心掛けました。

　本書がロシア語に興味を持つ皆様の学習の一助となりますことを心より願っております。最後に，この本の文法編にたくさんのアドヴァイスをくださいました横浜ロシア語センターの講師・織田桂子先生と，最後まで多くの訂正に辛抱強く対応してくださった語研の西山さんに心からの感謝の意を捧げます。

　一日も早いウクライナ戦争の終結，そして苦しむ人々に心の安寧と平和が訪れることを切に願って。

2024年3月　堅山洋子

目次

【吹き込み】オリガ・タラリキナ（Ольга Тарарыкина）
【装丁】クリエイティブ・コンセプト

本書の構成

- 暗記には付属の赤シートをご活用ください。
- 例文語注の **番号** は見出し語の左の見出し語番号にあたります。
- 例文語注の **番号** は見出し語注の関連表現です。

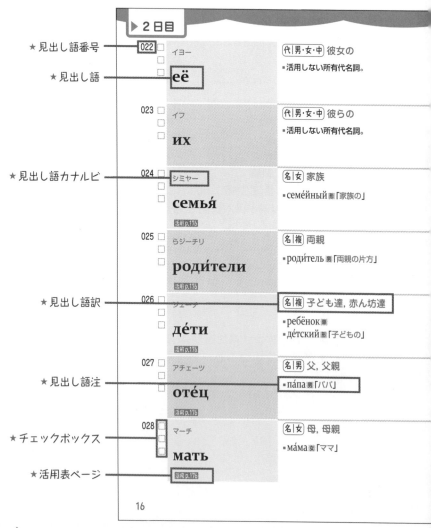

▶ 2日目

★見出し語番号 — **022** イヨー
её
代|男・女・中 彼女の
▪活用しない所有代名詞。

023 イフ
их
代|男・女・中 彼らの
▪活用しない所有代名詞。

★見出し語カナルビ — **024** シミヤー
семья́
活用 p.176
名|女 家族
▪семе́йный 形「家族の」

025 らジーチリ
роди́тели
活用 p.176
名|複 両親
▪роди́тель 男「両親の片方」

★見出し語訳 — **026** ジェーツ
де́ти
活用 p.176
名|複 子ども達, 赤ん坊達
▪ребёнок 単
▪де́тский 形「子どもの」

027 アチェーツ
оте́ц
活用 p.176
名|男 父, 父親
▪па́па 男「パパ」

★見出し語注

★チェックボックス — **028** マーチ
мать
活用 p.176
名|女 母, 母親
▪ма́ма 女「ママ」

★活用表ページ

16

6

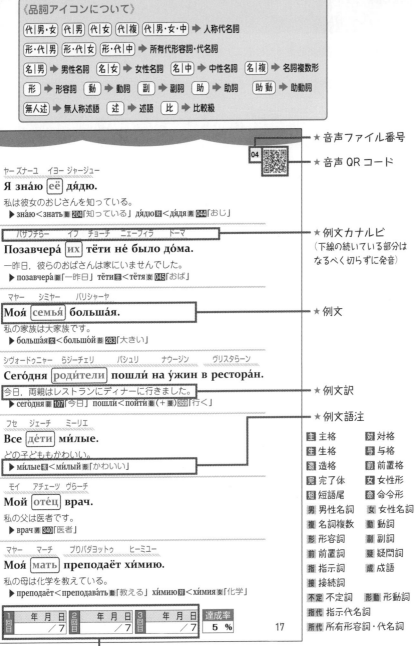

《品詞アイコンについて》

代|男・女 代|男 代|女 代|複 代|男・女・中 ➡ 人称代名詞

形・代|男 形・代|女 形・代|中 ➡ 所有代名形容詞・代名詞

名|男 ➡ 男性名詞 名|女 ➡ 女性名詞 名|中 ➡ 中性名詞 名|複 ➡ 名詞複数形

形 ➡ 形容詞 動 ➡ 動詞 副 ➡ 副詞 助 ➡ 助詞 助動 ➡ 助動詞

無人述 ➡ 無人称述語 述 ➡ 述語 比 ➡ 比較級

★ 音声ファイル番号

04

★ 音声 QR コード

ヤー ズナーユ イヨー ジャージュー
Я зна́ю её дя́дю.

私は彼女のおじさんを知っている。
▶ зна́ю＜знать 動 204「知っている」 дя́дю 対＜дя́дя 男 044「おじ」

★ 例文カナルビ
（下線の続いている部分は なるべく切らずに発音）

パザフチらー イフ チョーチ ニェーブイラ トーマ
Позавчера́ их тёти не́ было до́ма.

一昨日，彼らのおばさんは家にいませんでした。
▶ позавчера́ 副「一昨日」 тёти 生＜тётя 女 045「おば」

マヤー シミヤー バリシャーヤ
Моя́ семья́ больша́я.

私の家族は大家族です。
▶ больша́я 女＜большо́й 形 283「大きい」

★ 例文

シヴォードゥニャー らジーチェリ バシュリ ナウージン ヴリスタらーン
Сего́дня роди́тели пошли́ на у́жин в рестора́н.

今日，両親はレストランにディナーに行きました。
▶ сего́дня 副 107「今日」 пошли́＜пойти́ 動（＋ 生）359「行く」

★ 例文訳

フセ ジェーチ ミーリエ
Все де́ти ми́лые.

どの子どももかわいい。
▶ ми́лые 複＜ми́лый 形「かわいい」

★ 例文語注

モイ アチェーツ ヴらーチ
Мой оте́ц врач.

私の父は医者です。
▶ врач 男 340「医者」

マヤー マーチ プリパダヨットゥ ヒーミユー
Моя́ мать преподаёт хи́мию.

私の母は化学を教えている。
▶ преподаёт＜преподава́ть 動「教える」 хи́мию 対＜хи́мия 女「化学」

主 主格	対 対格
生 生格	与 与格
造 造格	前 前置格
完 完了体	女 女性形
短 短語尾	命 命令形
男 男性名詞	女 女性名詞
複 名詞複数	動 動詞
形 形容詞	副 副詞
前 前置詞	疑 疑問詞
指 指示詞	成 成語
接 接続詞	
不定 不定詞	形動 形動詞
指代 指示代名詞	
所代 所有形容詞・代名詞	

| 1回目 | 年 月 日 ／7 | 2回目 | 年 月 日 ／7 | 3回目 | 年 月 日 ／7 | 達成率 **5 %** | 17 |

★ 学習の日付と，暗記単語数を記入

7

学習計画表

●約1か月弱で終えるためのスケジュールモデル《月曜開始の場合》

	月	火	水	木	金	土	日
日付⇨	/	/	/	/	/	/	お休み or 復習
	p.10～14 001-021	p.16～20 022-042	p.22～26 043-063	p.28～32 064-084	p.36～40 085-105	p.42～46 106-126	
チェック⇨	済	済	済	済	済	済	
	月	火	水	木	金	土	日
	/	/	/	/	/	/	お休み or 復習
	p.48～52 127-147	p.54～58 148-168	p.62～66 169-189	p.68～72 190-210	p.74～78 211-231	p.80～84 232-252	
	済	済	済	済	済	済	
	月	火	水	木	金	土	日
	/	/	/	/	/	/	お休み or 復習
	p.88～92 253-273	p.94～98 274-294	p.100～104 295-315	p.106～110 316-336	p.116～120 337-357	p.122～126 358-378	
	済	済	済	済	済	済	
	月	火	水	木	金	土	日
	/	/	/	/	/	/	総復習
	p.128～132 379-399	p.134～138 400-420	p.146～150 421-441	p.152～156 442-462	p.158～162 463-483	p.164～168 484-504	
	済	済	済	済	済	済	

＊開始日を記入し，終わったら済マークをなぞってチェックしてください。

●計画表フリースペース（自分なりのスケジュールを立てたい方用）

/	/	/	/	/	/	/
-	-	-	-	-	-	-
済	済	済	済	済	済	済
/	/	/	/	/	/	/
-	-	-	-	-	-	-
済	済	済	済	済	済	済
/	/	/	/	/	/	/
-	-	-	-	-	-	-
済	済	済	済	済	済	済
/	/	/	/	/	/	/
-	-	-	-	-	-	-
済	済	済	済	済	済	済

＊上から曜日，日付，習得した見出し語の開始と終わりの番号，済マークの
チェック欄になります。自由にカスタマイズしてお使いください。

001

ヤー

Я

代 男・女 私は, 私が

▪ 人称代名詞の活用は 34 〜 35 ページを参照。

002

ティ

ТЫ

代 男・女 君は, 君が

003

オン

ОН

代 男 彼は, 彼が

004

アナー

онá

代 女 彼女は, 彼女が

005

ムィ

МЫ

代 複 私たちは, 私たちが

006

ヴィ

ВЫ

代 複 あなたたちは, あなたたちが

007

ヴィ

Вы

代 男・女 あなたは, あなたが

▪ 目上の人や尊敬する単数の人に使用する。

10

ヤー　イポーニッツ
Я́ япо́нец.

私は日本人です。

▶ япо́нец 男「日本人」

ティ　るースキー
Ты ру́сский?

君はロシア人（男性）？

▶ ру́сский 男「ロシア人」

オン　ウクらイーニッツ
Он украи́нец.

彼はウクライナ人です。

▶ украи́нец 男「ウクライナ人」

アナ　イポーンカ
Она́ япо́нка.

彼女は日本人です。

▶ япо́нка 女 ＜ япо́нец 男「日本人」

ムィ　ストゥジェーンティ
Мы студе́нты.

私たちは学生です。

▶ студе́нты 複 ＜ студе́нт 男 196「学生」

ヴィ　ウクらイーンキ
Вы украи́нки?

あなたたちはウクライナ人（女性）ですか。

▶ украи́нки 複・女 ＜ украи́нка 女 ＜ украи́нец 男「ウクライナ人」

ウヴァス　イェスチ　シミヤー
У Вас есть семья́?

あなたにはご家族はいますか。

▶ у＋生「〜のところに」　семья́ 女 024「家族」

| 1回目 | 年 月 日 ／7 | 2回目 | 年 月 日 ／7 | 3回目 | 年 月 日 ／7 | 達成率 1 ％ |

| 008 | アニー | 代|複 彼らは, 彼らが |
| | они́ | |

| 009 | モイ | 形·代|男 私の |
| | мой | ▪所有形容詞の活用は 142 ページを参照。 |

| 010 | マヤー | 形·代|女 私の |
| | моя́ | |

| 011 | マヨー | 形·代|中 私の |
| | моё | |

| 012 | トゥヴォイ | 形·代|男 君の |
| | твой | |

| 013 | トゥヴァヤー | 形·代|女 君の |
| | твоя́ | |

| 014 | トゥヴァヨー | 形·代|中 君の |
| | твоё | |

ヤ ニ ズナーユ アニフ
Я не зна́ю о них.

彼らについては知らない。

▶ зна́ю＜зна́ть 動 204「知っている」

エータ モイ ブらット
Э́то мой брат.

この人は私の兄弟です。

▶ э́то 助「これは」 брат 男 029「兄弟」

エータ ムーシュ マエイ シストゥるい
Э́то муж моéй сестры́.

こちらは私の姉妹の夫です。

▶ муж 男 033「夫」 сестры́ 生＜сестра́ 女 030「姉妹」

ショウヘイ マヨー イーミャ
Шохэ́й - моё и́мя.

翔平は私の名前です。

▶ и́мя 中「名前」

エータ トゥヴァエムー アッツー
Э́то твоему́ отцу́.

これを君のお父さんに（渡して）。

▶ отцу́ 与＜отéц 男 027「父」

チャー エータ マーチ トゥヴァヤー
Чья э́то мать? Твоя́?

この人は誰のお母さん？　君の？

▶ чья́ 疑「誰の」 мать 女 028「母」

エータ ニ トゥヴァヨー ミェースタ
Э́то не твоё мéсто.

ここは君の場所ではない。

▶ мéсто 中「場所」

---

015 □□□
ナシュ

наш

形・代|男 私達の

---

016 □□□
ナーシャ

на́ша

形・代|女 私達の

---

017 □□□
ナーシェ

на́ше

形・代|中 私達の

---

018 □□□
ヴァシュ

ваш

形・代|男 あなた達の, あなたの

---

019 □□□
ヴァーシャ

ва́ша

形・代|女 あなた達の, あなたの

---

020 □□□
ヴァーシェ

ва́ше

形・代|中 あなた達の, あなたの

---

021 □□□
イヴォー

его́

代|男・女・中 彼の

▪活用しない所有代名詞。

エータ　ナシュ　ドム
Это наш дом.

これは私たちの家です。

▶ дом 男 061「家」

ヴナーシェイ　クヴァるチーりぇ　トゥり　コームナティ
В нашей квартире три комнаты.

私たちのマンションは部屋が３つあります。

▶ квартире 前 < квартира 女 062「マンションの部屋」
кóмнаты 生 < кóмната 女 063「部屋」

ナーシェ　シロー　タム
Наше село там.

私たちの村はあそこです。

▶ село 中「村」　там 副「そこに，あそこに」

グジェ　ヴァーシュ　サットゥ　ボットゥ ズジェーシ
Где ваш сад?—Вот здесь.

あなたたちの庭はどこですか。—ここです。

▶ где 疑「どこ」　сад 男 065「庭」

グジェ　ヴァーシャ　コームナタ　トゥットゥ
Где ваша кóмната?—Тут.

あなたの部屋はどこですか。—ここです。

▶ кóмната 女 063「部屋」

カトーらエ　イゼーチフ　アプシジーチイ　ヴァーシェ　ヴォットゥ アノー
Котóрое из э́тих общежи́тий ваше?—Вот оно.

どれがあなたたちの寮ですか。—こちらです。

▶ котóрое 疑・中「いずれの」　общежи́тий 生・複 < общежитие 中「寮」

ズジェーシ ニェットゥ イヴォ　バーブシュキ
Здесь нет его́ ба́бушки.

ここには彼のおばあさんはいません。

▶ ба́бушки 生 < ба́бушка 女 043「祖母」

| 1回目 | 年 月 日 ／7 | 2回目 | 年 月 日 ／7 | 3回目 | 年 月 日 ／7 | 達成率 4 % |

15

022 □ □ □ イヨー

её

代 男・女・中 彼女の

■活用しない所有代名詞。

---

023 □ □ □ イフ

их

代 男・女・中 彼らの

■活用しない所有代名詞。

---

024 □ □ □ シミヤー

семья́

活用 p.176

名 女 家族

■семе́йный 形「家族の」

---

025 □ □ □ らジーチリ

роди́тели

活用 p.176

名 複 両親

■роди́тель 男「両親の片方」

---

026 □ □ □ ジェーチ

де́ти

活用 p.176

名 複 子ども達, 赤ん坊達

■ребёнок 単
■де́тский 形「子どもの」

---

027 □ □ □ アチェーツ

оте́ц

活用 p.176

名 男 父, 父親

■па́па 男「パパ」

---

028 □ □ □ マーチ

мать

活用 p.176

名 女 母, 母親

■ма́ма 女「ママ」

ヤー　ズナーユ　イヨー　ジャージュー

Я зна́ю её дя́дю.

私は彼女のおじさんを知っている。

▶ зна́ю＜знать 動 204「知っている」　дя́дю 対＜дя́дя 男 044「おじ」

パザフチらー　イフ　チョーチ　ニェーブィラ　ドーマ

Позавчера́ их тёти не́ было до́ма.

一昨日，彼らのおばさんは家にいませんでした。

▶ позавчера́ 副「一昨日」　тёти 生＜тётя 女 045「おば」

マヤー　シミヤー　バリシャーヤ

Моя́ семья́ больша́я.

私の家族は大家族です。

▶ больша́я 女＜большо́й 形 283「大きい」

シヴォードゥニャー　らジーチェリ　パシュリ　ナウージン　ヴリスタらーン

Сего́дня роди́тели пошли́ на у́жин в рестора́н.

今日，両親はレストランにディナーに行きました。

▶ сего́дня 副 107「今日」　пошли́＜пойти́ 動（＋ 接）359「行く」

フセ　ジェーチ　ミーリエ

Все де́ти ми́лые.

どの子どももかわいい。

▶ ми́лые 複＜ми́лый 形「かわいい」

モイ　アチェーツ　ヴらーチ

Мой оте́ц врач.

私の父は医者です。

▶ врач 男 340「医者」

マヤー　マーチ　プリパダヨットゥ　ヒーミユー

Моя́ мать преподаёт хи́мию.

私の母は化学を教えている。

▶ преподаёт＜преподава́ть 動「教える」　хи́мию 対＜хи́мия 女「化学」

029 □
□
□
ブラットゥ

брат

活用 p.176

名男 兄弟

- бра́тья 複

---

030 □
□
□
シストゥらー

сестра́

活用 p.176

名女 姉妹

- сёстры 複
- ста́ршая 形・女 сестра́「姉」
- мла́дшая 形・女 сестра́「妹」

---

031 □
□
□
スィン

сын

活用 p.176

名男 息子

- сыновья́ 複

---

032 □
□
□
ドーチ

дочь

活用 p.176

名女 娘

- до́чери 複

---

033 □
□
□
ムシュ

муж

活用 p.176

名男 夫

- мужья́ 複

---

034 □
□
□
ジィナー

жена́

活用 p.176

名女 妻

- жёны 複

---

035 □
□
□
ムッシィーナ

мужчи́на

活用 p.176

名男 男

- па́рень 男「若者」

イヴォー　ブらットゥ　ハらショー　イグらーイットゥ　ナスクリープキェ

Его [брат] хорошо́ игра́ет на скри́пке.

彼の兄（弟）はバイオリンを弾くのが上手です。

▶ хорошо́ 副 308「上手に」 игра́ет＜игра́ть 動 236「演奏する」
скри́пке 前＜скри́пка 女 232「バイオリン」

イヴォ　システラー　らヴォータィットゥ　フクニージュナム　マガジーニェ

Его [сестра́] рабо́тает в кни́жном магази́не.

彼の姉（妹）は本屋で働いています。

▶ рабо́тает＜рабо́тать 動 297「働く」 магази́не 前＜магази́н 男 390「店」

イフ　スィン　ウーチッツァ　フシュコーリェ

Их [сын] у́чится в шко́ле.

彼らの息子は学校で勉強しています。

▶ у́чится＜учи́ться 動 205「勉強する」 шко́ле 前＜шко́ла 女 192「学校」

ナーシャ　ドーチ　ヴィシュラ　ザームシュ

На́ша [дочь] вы́шла за́муж.

私たちの娘が結婚しました。

▶ вы́шла 過完＜вы́йти за́муж 動 487「（女性が）結婚する」

ケム　らボータィットゥ　ヴァシュ　ムシュ

Кем рабо́тает ваш [муж]?

あなたのご主人は何をして働いているの？

▶ кем 造＜кто 疑「誰」 рабо́тать кем「～として働く」

グジェ　アッディハーイットゥ　ヴァシャ　ジィナー

Где отдыха́ет ва́ша [жена́]?

あなたの奥さんはどこでバカンスをしていますか。

▶ отдыха́ет＜отдыха́ть 動 148「バカンスする」

クトー　エータットゥ　ムッシーナ　オン　ヴらーチ

Кто э́тот [мужчи́на]?—Он врач.

この男性は何をしている人ですか。—医者です。

▶ кто 疑「誰」 э́тот 指代「この (141 ページ参照)」 врач 男 340「医者」

036	ジェーンシュィナ **же́нщина** 活用 p.176	名 女 女
		▪ де́вушка 女「お嬢さん」

| 037 | チラヴェーク **челове́к** 活用 p.176 | 名 男 人, 人間 |
| | | ▪ лю́ди 複 |

| 038 | リュージ **лю́ди** 活用 p.176 | 名 複 人々 |
| | | ▪ челове́к 単 |

| 039 | ドゥ루ク **друг** 活用 p.176 | 名 男 男友達 |
| | | ▪ друзья́ 複 |

| 040 | マーリチク **ма́льчик** 活用 p.176 | 名 男 少年 |
| | | ▪ де́ти 複「子どもたち」 |

| 041 | ジェーヴァチカ **де́вочка** 活用 p.176 | 名 女 少女 |

| 042 | ジェードゥシュカ **де́душка** 活用 p.176 | 名 男 祖父, おじいさん |
| | | ▪ стари́к 男「老人」 |

グジェ ジヴョットゥ ター ジェーンシュイナ

Где живёт та ⎡жéнщина⎤?

あの女性は何処に住んでますか。

▶ где 疑「どこ」 живёт ＜ жить 動 293「住む」 та 指代「あの（141 ページ参照）」

ムニェ ヌらーヴィッツァ エータットゥ チラヴェーク

Мне нрáвится э́тот ⎡человéк⎤.

私はこの人に好感を持っています。

▶ нрáвится ＜ нрáвиться 動 222「気に入っている」 э́тот 指代「この」

ヴェータム ゴーらジェ リュージ ニ スナーユットゥ ドゥるーク ドゥるーガ

В э́том го́роде ⎡лю́ди⎤ не знáют друг дру́га.

この町では人々はお互いを知りません。

▶ знáют ＜ знать 動 204「知っている」 го́роде 前 ＜ город 男 077「町」
друг дру́га 成「お互いに」

アリェーク モイ ドゥるーク

Олéг - мой ⎡друг⎤.

オレグは私の友達です。

▶ Олéг 男「オレグ」 мой 所代・男 009「私の」

ミーシャ シンパチーチヌィイ マーリチク

Ми́ша - симпати́чный ⎡мáльчик⎤.

ミーシャは感じのよい少年です。

▶ Ми́ша「ミーシャ《Михаи́л (ミハイル) の愛称》」 симпати́чный 形「感じがよい」

エータ ジェーヴァチカ スターニットゥ くらシーヴァイ

Э́та ⎡дéвочка⎤ стáнет краси́вой.

この少女はきれいになるだろう。

▶ э́та 指代・女「この（141 ページ参照）」 стáнет ＜ стать 動 298「～になる」
краси́вой 連・女 ＜ краси́вый 形 393「きれいだ」

モイ ヴァシミジシチリェートゥニイ ジェードゥシュカ イショー らボータイットゥ

Мой восьмидесятилéтний ⎡дéдушка⎤ ещё рабóтает.

私の 80 歳の祖父はまだ働いています。

▶ ещё 副「まだ」 рабóтает ＜ рабóтать 動 297「働く」

043 □ □ □

バーブシュカ

ба́бушка

活用 p.176

名|女 祖母, おばあさん

▪ стару́ха 女 「老婆」

044 □ □ □

ジャージャ

дя́дя

活用 p.176

名|男 おじ

045 □ □ □

チョーチャ

тётя

活用 p.176

名|女 おば

046 □ □ □

トールスティイ

то́лстый

形 太っている

▪ потолсте́ть 動 「太る」

047 □ □ □

フドーイ

худо́й

形 痩せている

▪ худе́ть 動 「痩せる」

048 □ □ □

スターるイイ

ста́рый

形 古い

▪ постаре́ть 動 「年を取る」

049 □ □ □

パジローイ

пожило́й

形 歳をとった, 中高年の

▪ престаре́лый 形 「高齢の」

マヤー　　バーブシュカ　　ハラショー　　ガトーヴィットゥ
Моя́ [ба́бушка] хорошо́ гото́вит.

私の祖母は料理が上手です。

▶ хорошо́ 圓 **308**「上手に」 гото́вит＜гото́вить 圗 **160**「料理する」

ジャージャ　ワーシャ　らボータイットゥ　　プりパダヴァーチリム　　　フィージキ
[Дя́дя] Ва́ся рабо́тает преподава́телем фи́зики.

ワーシャ叔父さんは物理学の講師をしています。

▶ рабо́тает＜рабо́тать 圗 **297**「働く」 преподава́телем 邇＜
преподава́тель 男「講師」 фи́зики 生＜фи́зика 女「物理学」

チョーチャ　　マリーナ　　グリャーイットゥ　パウーリッツェ　　ギーンザ
[Тётя] Мари́на гуля́ет по у́лице Ги́ндза.

マリーナ叔母さんは銀座を散歩しています。

▶ гуля́ет＜гуля́ть 圗 **279**「散歩する」 по 前「～を沿って」

ティ　サフシェーム　ニ　トールスタヤ
Ты совсе́м не [то́лстая]!

君は全然太っていないよ！

▶ совсе́м 圓「まったく」

イリーナ　オーチン　フダーヤ　ジェーヴシュカ
Ири́на о́чень [худа́я] де́вушка.

イリーナはとても痩せた娘さんです。

▶ Ири́на 女「イリーナ」 о́чень 圓 **459**「とても」 де́вушка 女「お嬢さん」

スターるぃエ　クニーギ　リジャット　ナポールキェ
[Ста́рые] кни́ги лежа́т на по́лке.

古い本は棚にあります。

▶ лежа́т＜лежа́ть 圗「横たわっている」 по́лке 前＜по́лка 女「棚」

マイー　　らジーチリ　ウジェ　パジィルィエ
Мои́ роди́тели уже́ [пожилы́е].

私の両親はもう年を取っています。

▶ роди́тели 複 **025**「両親」

---

050 □□□
マラドーイ

молодо́й

形 若い
- омолоди́ть 動 「若返らせる」
- мо́лодо 副

051 □□□
ドーブるいイ

до́брый

形 優しい
- хара́ктер 男 「性格」

052 □□□
ファミーリヤ

фами́лия

名|女 苗字
- и́мя 中 「名前」
- о́тчество 中 「父称」

053 □□□
ザヴーットゥ

зову́т

活用 p.182

動 ～と呼ばれている
- звать 不定 442

054 □□□
プリヤートゥナ

прия́тно

副 心地よい
- прия́тный 形

055 □□□
バズナコーミッツァ

знако́миться

活用 p.182

動 知り合う
- познако́миться 完
- ра́доваться 動 「喜ぶ」

056 □□□
スパシーバ

спаси́бо

助 ありがとう
- пожа́луйста 助 「どういたしまして」

ミハイールー　ソーラク　リェット　ノ　オン　ヴィグリジット　　モーラダ

Михайлу со́рок лет, но он вы́глядит мо́лодо. 副

ミハイルは 40 歳ですが，若く見えます。

▶ 数+лет「年齢」 вы́глядит＜вы́глядеть 動「～に見える」

ジェーニャ　ドーブるぃイ　イ　ウームヌィイ

Же́ня до́брый и у́мный.

ジェーニャは親切で賢い。

▶ Же́ня 男「Евге́ний (エフゲニー) の愛称」 у́мный 形 330「賢い」

ファミーリヤ　エータイ　ジェーヴシュキ　イヴァノーヴァ

Фами́лия э́той де́вушки Ивано́ва.

この少女の苗字はイワノーヴァです。

▶ де́вушка 女「お嬢さん」

ミニャー　ザヴットゥ　ケイタ

Меня́ зову́т Кэ́йта.

僕の名前は圭太です。

▶ 自己紹介の決まり文句

オーチン　プリヤートゥナ　ヤー　アンドゥりぇイ

О́чень прия́тно. Я Андре́й.

よろしくお願いします。僕はアンドレイです。

▶ 自己紹介の決まり文句

ヤー　らーダ　　パズナコーミッツァ　　スヴァミ

Я ра́да познако́миться 完 с ва́ми.

あなたとお知り合いになれてうれしいです。

▶ ра́да 女＜рад 述「うれしい」

スパシーバ　ヴァム　バリショーエ

Спаси́бо вам большо́е!

どうもありがとうございます！

▶ большо́е 中＜большо́й 形 283「大きい」

057 □ □ □

パジャールスタ

пожа́луйста

助 どういたしまして
- пожалуйста 助「どうぞ」

058 □ □ □

イズヴィニーチェ

извини́те

活用 p.182

動 すみません〔命令形〕
- извини́ть 不定「許す」
- ничего́ 副「大丈夫」

059 □ □ □

モージュナ

мо́жно

無人述 可能である
- нельзя́ 反「禁止である」

060 □ □ □

くるぃシャ

кры́ша

活用 p.176

名|女 屋根
- кры́шка 女「覆い,(瓶の)キャップ」

061 □ □ □

ドム

дом

活用 p.176

名|男 家
- зда́ние 中「建物」

062 □ □ □

クヴァるチーら

кварти́ра

活用 p.176

名|女 マンションの部屋
- многокварти́рный 形・男 дом「建物
としてのマンション」

063 □ □ □

コームナタ

ко́мната

活用 p.176

名|女 部屋
- мезони́н 男「メゾネット」

パジャールスタ

Пожа́луйста!

どういたしまして。

▶ 動詞命令形とともに使用＝どうか～してください

イズヴィニーチェ　　　パジャールスタ

Извини́те, пожа́луйста.

すみません！

▶ 謝罪の表現／返答には ничего́「なんでもない」を用いる

ズジェーシ　モージュナ　ラヴィーチ　るぃブー

Здесь мо́жно лови́ть ры́бу?

ここは魚釣りができますか。

▶ лови́ть 動「(魚を)釣る」 ры́бу＜ры́ба 女 172「魚」

ナクるぃシェ　スピットゥ　コーシュカ

На кры́ше спит ко́шка.

屋根の上で猫が眠っています。

▶ спит＜спать 動 476「眠る」 ко́шка 女 190「猫」

イフ　ドム　ナホージッツァ　　ニダリコー

Их дом нахо́дится недалеко́.

彼らの家は近くにあります。

▶ нахо́дится＜находи́ться 動 405「ある」 недалеко́ 副「近くに」

マヤー　クヴァるチーら　　ナホージッツァ　ナトゥりぇーチム　イタジェー

Моя́ кварти́ра нахо́дится на тре́тьем этаже́.

私のマンションの部屋は 3 階です。

▶ моя́ 所代 010「私の」 тре́тьем 前＜тре́тий 形「3 番目の」
　этаже 前＜эта́ж 男 064「階」

エータ　コームナタ　　スヴァボードゥナ

Э́та ко́мната свобо́дна.

この部屋は空いています。

▶ э́та 指代「この(141 ページ参照)」 свобо́дна 短・女＜свобо́дный 形 281「空いている」

064

イターシュ

этáж

活用 p.176

名|男 階

- подвáл 男「地階」
- пентхáус 男「最上階」

065

サットゥ

сад

活用 p.176

名|男 庭

- садовóдство 中「ガーデニング」

066

クリュチ

ключ

活用 p.176

名|男 鍵

- замóк 男「錠」

067

くらヴァーチ

кровáть

活用 p.176

名|女 ベッド

- спáльня 女「寝室」

068

ストル

стол

活用 p.176

名|男 テーブル, 机

069

ストゥル

стул

活用 p.176

名|男 椅子

- стýлья 複

070

スチナー

стенá

活用 p.176

名|女 壁

- настéнный 形「壁にかかっている」

ムィ ジィヴョーム ナフタローム イタジェー
Мы живём на втором этаже.

私たちは2階に住んでいます。

▶ живём<жить 動 293「住む」 втором 前<второй 形「2番目の」

シヴォードゥニャー フサットゥ プリリチェーラ プチッツァ
Сегодня в сад прилетела птица.

今日庭に鳥が飛んで来ました。

▶ прилетела 過<прилететь 動「飛来する」 птица 女 191「鳥」

ヤー パチりゃール クリュチ アットゥクヴァるチーるィ
Я потерял ключ от квартиры.

私はマンションの鍵を失くしました。

▶ потерял 過<потерять 動「失くす」
квартиры 生<квартира 女 062「マンションの部屋」

スピー ニ ナジヴァーニェ ア ナクろヴァーチ
Спи не на диване, а на кровати.

ソファーではなく，ベッドで寝なさい。

▶ диване<диван 男「ソファー」

サジーチェシ ザストル
Садитесь за стол.

テーブルについてください。

▶ садитесь 命<садиться 動「座る」

エータットゥ ジリヴァーンヌイイ ストゥル ウドーブヌイイ
Этот деревянный стул удобный.

この木製の椅子は楽です。

▶ этот 指代「この（141ページ参照）」 деревянный 形「木製の」
удобный 形「楽である」

ナスチニェ ヴィシットゥ カるチーナ
На стене висит картина.

壁には絵がかかっています。

▶ висит<висеть 動「かかっている」 картина 女 212「絵画」

1回目	年 月 日 ／7	2回目	年 月 日 ／7	3回目	年 月 日 ／7	達成率 14 %

071 □
□
□

ドゥヴェーり

две́рь

活用 p.176

名|女 ドア

▪пере́дняя 女「玄関」

---

072 □
□
□

アクノー

окно́

活用 p.176

名|中 窓

▪вера́нда 女「ベランダ」

---

073 □
□
□

リェースニッツァ

ле́стница

活用 p.176

名|女 階段

▪эскала́тор 男「エスカレーター」
▪лифт 男「エレベーター」

---

074 □
□
□

ミーる

мир

活用 p.176

名|男 世界

▪мирово́й 形「世界の」

---

075 □
□
□

ろージナ

Ро́дина

活用 p.176

名|女 故郷, 祖国

▪Оте́чество 中「祖国」

---

076 □
□
□

ストゥらナー

страна́

活用 p.177

名|女 国

▪о́бщество 中「社会」

---

077 □
□
□

ゴーらットゥ

го́род

活用 p.177

名|男 市, 街, 町

▪городско́й 形「市の」
▪мэр 男「市長」

11

ミハイル　　　ザクロイ　　　　パジャールスタ　　　　ドゥヴェーリ

Михаи́л, закро́й, пожа́луйста, дверь^対.

ミハイル，ドアを閉めてちょうだい！

▶ закро́й 命 < закры́ть 動 480「閉める」

アクノー　　アトゥクるぃタ

Окно́ откры́то.

窓は開いています。

▶ откры́то 短 < откры́тый 形「開いている」< откры́ть 動 479

エータ　リェースニッツァ　クるターヤ　　パニェイ　　ニヴァズモージュナ　　パドゥニャッツァ

Эта ле́стница крута́я, по ней невозмо́жно подня́ться.

階段が急なので，登るのは無理です。

▶ крута́я 女 < круто́й 形「急である」　невозмо́жно 副「不可能である」
　подня́ться 完 < поднима́ться 動 488「登る」

ヴェーシ　ミール　バリェイットゥ　　サズボールヌユ　　らシィイ

Весь мир боле́ет за сбо́рную Росси́и.

世界中がロシアチームを応援しています。

▶ весь「すべての」　боле́ет < боле́ть 動「心を悩ます」
　сбо́рную 対・女 < сбо́рный 形「寄せ集めた」

マヤー　　ろージナ　　　ベらるーシ

Моя́ ро́дина - Белару́сь.

私の祖国はベラルーシです。

▶ моя́ 所代・女 010「私の」

イポーニャ　イヴリャーイッツァ　らーズヴィタイ　　ストゥらノーイ

Япо́ния явля́ется ра́звитой страно́й^造.

日本は先進国です。

▶ явля́ется < явля́ться + 造 動「～である」
　ра́звитой 造・女 < ра́звитый 被形「発達した」

ゴーらト　　マスクヴァー　　ナホージッツァ　　ナザーパジェ　　らシイイ

Го́род Москва́ нахо́дится на за́паде Росси́и.

モスクワはロシアの西に位置している。

▶ за́паде 前 < за́пад 男 127「西」

| 1回目 | 年 月 日 /7 | 2回目 | 年 月 日 /7 | 3回目 | 年 月 日 /7 | 達成率 **15 %** |

078

スタリーッツァ

столи́ца
活用 p.177

名|女 首都

▪мегалопо́лис 女「大都会」

079

らイオーン

райо́н
活用 p.177

名|男 地区, 地域

▪о́бласть 女「州」
▪префекту́ра 女「県」

080

ツェントゥル

центр
活用 p.177

名|男 都心, 中心地

▪при́город 男「郊外」

081

ジ리ぇーヴニャ

дере́вня
活用 p.177

名|女 村, 田舎

▪дереве́нский 形「村の, 田舎の」

082

オットゥプスク

о́тпуск
活用 p.177

名|男 休暇, バカンス

▪кани́кулы 複「休暇」

083

パニジェーリニク

понеде́льник
活用 p.177

名|男 月曜日

▪в +曜日 対「〜曜日に」
▪бу́дни 複「平日」

084

フトーるニク

вто́рник
活用 p.177

名|男 火曜日

▪второ́й 形「2 番目の」

12

スタリーツァ　イポーニィ　トーキオ

Столи́ца Япо́нии – То́кио.

日本の首都は東京です。

▶ Япо́нии 生 ＜ Япо́ния 女 141「日本」

フキオート　イェスチ　イスタリーチェスキエ　らイオーヌィ

В Кио́то есть истори́ческие райо́ны.

京都には史跡保存地区があります。

▶ есть 動「ある」 истори́ческие 複 ＜ истори́ческий 形「歴史的な」

ツェントゥる　スタリーツィ　ナホージッツァ　ヴジラヴォーム　らイオーニェ

Центр столи́цы нахо́дится в делово́м райо́не.

首都の中心部はビジネス街にあります。

▶ столи́цы 生 ＜ столи́ца 女 078「首都」 делово́м 前 ＜ долово́й 形「ビジネスの」
райо́не 前 ＜ райо́н 男 079「地区」

ヴジェりぇーヴニェ　ジィヴート　マイー　ジェードゥシュカ　イ　バーブシュカ

В дере́вне живу́т мои́ де́душка и ба́бушка.

村に祖父と祖母が住んでいます。

▶ живу́т ＜ жить 動 293「住む」 де́душка 042「祖父」 ба́бушка 043「祖母」

リェータム　ヤー　パィエードゥ　ヴォットゥプスク　フタイラーントゥ

Ле́том я пое́ду в о́тпуск в Тайла́нд.

夏にタイへバカンスに行きます。

▶ пое́ду 完 ＜ е́здить 動 361「行く」

フパニジェリニク　ニェットゥ　らボーティ

В понеде́льник нет рабо́ты.

月曜日には仕事がありません。

▶ рабо́ты 生 ＜ рабо́та 女「仕事」

ヴァフトーるニク　ヤー　スヴァボージェン

Во вто́рник я свобо́ден.

火曜日は暇です。

▶ свобо́ден 短・男 ＜ свобо́дный 形 281「空いている」

1回目	年 月 日 ／7	2回目	年 月 日 ／7	3回目	年 月 日 ／7	達成率 16 %

ズドゥラーストヴィーチェ **Здра́вствуйте**	おはよう。／こんにちは。／こんばんは。 ※朝から晩までどんな時でも使う。直訳は『ご健康に！』
プリヴェットゥ **Приве́т**	やあ。
パカー **Пока́**	じゃあね。／バイバイ。
ダスヴィダーニャ **До свида́ния**	さようなら。
ドーブラエ ウートら **До́брое у́тро**	おはようございます。
ドーブるいイ ジェニ **До́брый день**	こんにちは。
ドーブるいイ ヴェーチル **До́брый ве́чер**	こんばんは。
スパコーイナイ ノーチ **Споко́йной но́чи**	おやすみなさい。
ハローシェヴァ ドゥニャ **Хоро́шего дня**	よい一日を。
ダフストゥリゥェーチ **До встре́чи**	また，お会いしましょう。
カーグジラー **Как дела?**	お元気ですか。

приве́т, пока́

友達や家族などの親しい人に用います。それ以外のあいさつは親しい人を含めて全ての人に用いることができます。

Рукопожа́тие

（握手）ロシアでは男性同士が出会うと，必ず握手します。男女の間では男性に対して女性が手を差し出した時のみ握手をします。久しぶりに会ったりすると老若男女を問わずハグをすることはよくあります。

人称代名詞の活用

　ロシア語には人称の **ты** と **вы** があり **ты** は親しい間柄の相手に対する人称です。**вы** は尊敬する相手やそれほど親密ではない同士で用いられます。また，**вы** はあなた方という複数形でも使います。

　人称代名詞も文中の役割によって格変化します。

	主格	生格	与格	対格	造格	前置格
私	я	меня́	мне	меня́	мно́й	мне
君	ты	тебя́	тебе́	тебя́	тобо́й	тебе́
彼	он	(н)его́	(н)ему́	(н)его́	(н)им	нём
彼女	она́	(н)её	(н)ей	(н)её	(н)ей	ней

私たち	мы	нас	нам	нас	на́ми	нас
あなた（たち）	вы	вас	вам	вас	ва́ми	вас
彼（女）ら	они́	(н)их	(н)им	(н)их	(н)и́ми	них

※（　）の中のнは前置詞と結びつく際に付与されますのでここでは（　）で記載しておきました。例：к нему，с ней など

発音と読み方①

　ロシア語の単語には必ずアクセントがあります。また，アクセントは母音に付与され強く長めに発音されます。（ただし，母音がひとつしかない単語にはアクセントはありません）アクセントはとても重要です。間違ったアクセントをつけると正しく聞き取ってもらえなかったり，別の単語になったりしてしまいますので，見出し語のアクセントをしっかり覚えましょう。

　アクセントがない o, e, я はそれぞれ，а, и, и に近い曖昧な発音に変わります。（例：Москва́ マスクヴァ／сестра́ システトゥらー／янта́рь インターり「琥珀」）

　ё には常にアクセントがあります。語中に ё がある場合にはアクセント記号を付与していませんが，常に ё を強く発音してください。

　本文のカタカナ表記はなるべくロシア語発音に近づくように表記をしています。例えば，語末に子音例えば т がくる場合はトではなくトゥと表記しました。トと発音すると то となってしまうのでなるべくそれを回避するためです。

　ロシア語には英語の L にあたる л，英語の R にあたる Р がありますが，見出し語のカタカナ読みは л をラ行片仮名，Р を，ら行平仮名表記してあります。л は舌先を歯の裏に押しつけてからパッと離して発音させますが，Р は舌先を口腔内で震わせる巻き舌です。

　また，ロシア語の母音は硬音と軟音があります。単語が活用される多くの場合で，硬音は硬音で，軟音は軟音で語尾変化をしますので，どの音が硬音か軟音かを覚えておくとゆくゆく便利です。

硬音	А	Ы	У	Э	О
軟音	Я	И	Ю	Е	Ё

085

スりダー

среда́

活用 p.177

名|女 水曜日

- середи́на 女「真ん中」

086

チトゥヴェーるク

четве́рг

活用 p.177

名|男 木曜日

- четвёртый 形「4 番目の」

087

ピャートゥニッツァ

пя́тница

活用 p.177

名|女 金曜日

- пя́тый 形「5 番目の」

088

スポータ

суббо́та

活用 p.177

名|女 土曜日

089

ヴァスクりセーニエ

воскресе́нье

活用 p.177

名|中 日曜日

- выходно́й 形・男 день「休日」
- пра́здник 男「祭日」

090

インヴァーり

янва́рь

活用 p.177

名|男 1 月

- в ＋月名の前置格「～月に」

091

フィヴらーり

февра́ль

活用 p.177

名|男 2 月

13

フスりぇードゥー　ヤー　ビるー　ウろーキ　アングリースカヴァ　イズィカ

В [сре́ду] я беру́ уро́ки англи́йского языка́.

水曜日には私は英語のレッスンを取っています。

▶ беру́ < бра́ть 動「取る」 уро́ки < уро́к 男「レッスン」
англи́йского 生 < англи́йский 形「英国の」 языка́ < язык「言語」

フチトゥヴェーるク　ヤー　プりハジュー　ダモイ　パらーニシェ

В [четве́рг] я прихожу́ домо́й пора́ньше.

木曜日には私は家に早めに帰ります。

▶ прихожу́ < приходи́ть 動 364「着く」 домо́й 副「家に」 пора́ньше 副「早めに」

フピャトゥニッツゥー　フストゥりぇーチムシャ

В [пя́тницу] встре́тимся!

金曜日に会いましょう！

▶ встре́тимся < встре́титься 動「会う」＊мы の活用形

フスボートゥー　フシュコーリェ　ヴィハドノーイ

В [суббо́ту] в шко́ле выходно́й.

土曜日は学校は休みです。

▶ шко́ле 前 < шко́ла 女 192「学校」 выходно́й 形「休みの」

ヴヴァスクりシェーニエ　ヤー　プりグラシャーユ　チビャー　ヴゴースチ

В [воскресе́нье] я приглаша́ю тебя́ в го́сти.

日曜日に君を家に招待します。

▶ приглашу́ < приглаша́ть 動 155「招待する」 го́сти < гость 男「客」

ヤー　らジルシャ　ヴィンバりぇー

Я роди́лся в [январе́].

私は1月生まれです。

▶ роди́лся 過 男 < роди́ться 動 294「生まれる」

フフフィヴらリェー　ブージット　フィスティヴァーリ　スリーヴィ

В [феврале́] бу́дет фестива́ль сли́вы.

2月には梅祭りがあります。

▶ фестива́ль 男「祭り」 сли́вы 生 < сли́ва 女「梅」

1回目	年　月　日	2回目	年　月　日	3回目	年　月　日	達成率
	／7		／7		／7	**18 %**

092 □
□
□
マると

マると

март

活用 p.177

名 男 3月

093 □
□
□
アプりぇーリ

апре́ль

活用 p.177

名 男 4月

094 □
□
□
マイ

май

活用 p.177

名 男 5月

095 □
□
□
イユーニ

ию́нь

活用 p.177

名 男 6月

096 □
□
□
イユーリ

ию́ль

活用 p.177

名 男 7月

097 □
□
□
アーヴグストゥ

а́вгуст

活用 p.177

名 男 8月

098 □
□
□
シンチャーブり

сентя́брь

活用 p.177

名 男 9月

14

ウマーるチェ　ムィ　バィエージェム　ヴァミェーりクー
В |**ма́рте**| **мы пое́дем в Аме́рику.**

3月に私たちはアメリカに行きます。

▶ пое́дем＜пое́хать 動 **361**「行く」＊接頭辞
Аме́рику 対＜Аме́рика「アメリカ」

ヴナチャーりェ　アプりぇーりゃ　ツヴィチョットゥ　サークら
В нача́ле |**апре́ля**| **цвете́т са́кура.**

4月初めに桜が咲きます。

▶ нача́ле 前＜нача́ло 中「初頭」цвете́т＜цвести́ 動「咲く」

マイ　　エータ　モイ　サームィイ　リュビームィイ　ミーシツ
|**Май**| **- э́то мой са́мый люби́мый ме́сяц.**

5月は私の一番好きな月です。

▶ са́мый 形「最も」люби́мый 形「愛する」ме́сяц 男「月」

ヴィユーニェ　　ヴィポーニィイ　シゾーン　ダジュジェイ
В |**ию́не**| **в Япо́нии сезо́н дожде́й.**

6月は日本では梅雨です。

▶ сезо́н 男 **119**「季節」дожде́й 生・複＜до́ждь 男「雨」

ヴィユーりェ　モージュナ　プラーヴァチ　ヴモーりぇ
В |**ию́ле**| **мо́жно пла́вать в мо́ре.**

7月は海で泳げます。

▶ мо́жно 無人述 **059**「可能である」пла́вать 動 **239**「泳ぐ」

ヴァーヴグスチェ　オーチン　ジャーるカ
В |**а́вгусте**| **о́чень жа́рко.**

8月はとても暑い。

▶ о́чень 副 **459**「とても」жа́рко 副 **136**「暑く」

フシンチブりぇー　ブィヴァユットゥ　タイフーヌィ
В |**сентябре́**| **быва́ют тайфу́ны.**

9月は台風が多い。

▶ быва́ют＜быва́ть 動 **110**「度々ある」＊多回 тайфу́ны 複＜тайфу́н 男「台風」

---

099 ☐ ☐ ☐	アクチャーブり **октя́брь** 活用 p.177	名|男 10 月
100 ☐ ☐ ☐	ナヤーブり **ноя́брь** 活用 p.177	名|男 11 月
101 ☐ ☐ ☐	ジカーブり **дека́брь** 活用 p.177	名|男 12 月
102 ☐ ☐ ☐	ジェニ **день** 活用 p.177	名|男 日 ▪ дневно́й 形 「日の」 ▪ дневни́к 男 「日記」
103 ☐ ☐ ☐	ミェーシツ **ме́сяц** 活用 p.177	名|男 月 ▪ ме́сячный 形 「月の」
104 ☐ ☐ ☐	ゴットゥ **год** 活用 p.177	名|男 年 ▪ лет（複数生格）
105 ☐ ☐ ☐	リェットゥ **лет**	名|複 年 ▪ 5 以上の数詞のあとにつける。

15

フスれジーニェ　アクチャブリゃー　ヤー　ヴぇるヌーシ　フトーキオ

В середи́не ｜октября́ ｜ я верну́сь в То́кио.

10 月半ばに私は東京に戻ります。

▶ середи́не 前 < середи́на 女「半ば」 верну́сь < возвраща́ться 動 **454**「戻る」

スナヤブリゃー　ヤー　ジヴー　ズジェシ

С ｜ноября́ ｜ я живу́ здесь.

11 月からここに住んでいます。

▶ живу́ < жить 動 **293**「住む」 здесь 副「ここで」

フカンツェー　ジカブリゃー　ブージットゥ　ジームヌィエ　カニークルィ

В конце́ ｜декабря́ ｜ бу́дут зи́мние кани́кулы.

12 月の終わりには冬休みがきます。

▶ конце́ 前 < коне́ц 男「終わり」 бу́дут 未 < быть 動 **110**「いる」
зи́мние 複 < зи́мний 形「冬の」 кани́кулы 名・複「休暇」

シヴォードゥニャ　ハローシィイ　ジェニ

Сего́дня хоро́ший ｜день ｜.

今日はよい日です。

▶ хоро́ший 形「よい」

ドーシュチ　ショール　ツェールィイ　ミーシツ

Дождь шёл це́лый ｜ме́сяц ｜.

1 か月雨が続きました。

▶ дождь 男 **133**「雨」 шёл < идти́ 動 **359**「降る」 це́лый 形「全体の」

ナチャルシゃ　ゴットゥ　イポーニイ　ヴらシーイ

Начался́ ｜год ｜ Япо́нии в Росси́и.

ロシアにおける日本年が始まりました。

▶ начался́ 再帰 < нача́ться 動 **474**「始まる」 Япо́нии 生 < Япо́ния 女「日本」
Росси́и 前 < Росси́я 女「ロシア」

ドゥヴァッツァチ　リェットゥ　ナザットゥ　ヤー　パストゥピール　ヴェートゥー　カムパーニユー

20[два́дцать] ｜лет ｜ наза́д я поступи́ла в э́ту компа́нию.

20 年前に私はこの会社に入りました。

▶ наза́д 副「～前」 поступи́л < поступи́ть 動「入る」
компа́нию 対 < компа́ния 女「会社」

| 1回目 | 年 月 日 ／7 | 2回目 | 年 月 日 ／7 | 3回目 | 年 月 日 ／7 | 達成率 21 % |

106
シチャース

сейча́с

副 今

- тепе́рь 副「今, 今では」

107
シヴォードゥニャ

сего́дня

副 今日

108
ザーフトゥら

за́втра

副 明日

- послеза́втра 副「明後日」

109
フチらー

вчера́

副 昨日

- позавчера́ 副「一昨日」

110
ブィチ

быть

動 いる, ある

- быть 助動
- быть ＋ 不定 ＝未来形

111
ニジェーリャ

неде́ля
活用 p.177

名 女 週

- еженеде́льный 形「毎週の」

112
ウートゥら

у́тро
活用 p.177

名 中 朝

- у́тром 副「朝に」

シーチャス　ヤー　ザーニャットゥ
Сейчас я занят.

今, 忙しいです。

▶ занят 短・男 < занятый 形 280 「忙しい」

シヴォードゥニャ　ヤー　ブィル　タム
Сегодня я был там.

今日は私はそこにいました。

▶ был 過 < быть 動 110 「いる」 там 副 「そこに」

ザーフトら　パイジョーム　ヴミェスチェ
Завтра пойдём вместе?

明日一緒に行きましょうか。

▶ пойдём < пойти 動 359 「行く (定向)」 ＊接頭辞 по 開始

シュトー　ティ　ジェーラル　フチラー
Что ты делал вчера?

昨日, 何してた？

▶ делал 過 < делать 動 209 「する」

グジェ　ティ　ブィラー　パザフチらー
Где ты была позавчера?

一昨日どこに行ったの？

▶ где 疑 「どこで」 позавчера 副 109 「一昨日」

ニジェりゅー　ナザットゥ　カムニェ　プりィエーハラ　パドゥるーガ
Неделю назад ко мне приехала подруга.

1 週間前に女友達がやってきました。

▶ назад 副 「今より前に」 приехала 完・過・女 < приехать 動 365 「到着する」
подруга 女 「女友達」

ムィ　ダウトゥらー　ピェーリ　イ　ピーリ
Мы до утра пели и пили.

私たちは朝まで歌い, 飲みました。

▶ пели 過 < петь 動 230 「歌う」 пили 過 < пить 動 178 「飲む」

113
ポールジニ

по́лдень
活用 p.177

名|男 正午

▪днём 副「日中に」

114
ヴェーチる

ве́чер
活用 p.177

名|男 夕方

▪ве́чером 副「夕方に」

115
ノーチ

ночь
活用 p.177

名|女 夜中

▪по́лночь 女「真夜中」

116
ヴりぇーミャ

вре́мя
活用 p.177

名|中 時間

117
チャス

час
活用 p.177

名|男 時

118
ミヌータ

мину́та
活用 p.177

名|女 分

▪секу́нда 女「秒」
▪моме́нт 男「一瞬」

119
シゾーン

сезо́н
活用 p.177

名|男 季節

▪четы́ре вре́мени го́да「四季」

ザーフトゥら　フポールジニ　ヤー ブードゥー ジュダッチ ヴァス ウフホーダ　ヴガスチーニッツゥ

За́втра в **по́лдень** **я бу́ду жда́ть вас у вхо́да в гости́ницу.**

明日の正午にホテルの玄関で待っています。

▶ за́втра 副 108「明日」 бу́ду 未＜быть 動 110「いる」 жда́ть 動 443「待つ」
　у вхо́да「玄関で」 гости́ницу 対＜гости́ница 女 150「ホテル」

ヴェーシ　ヴェーチる　ヤー　スルーシャル　ムーズィクー

Весь **ве́чер** **я слу́шал му́зыку.**

一晩中私は音楽を聴いていました。

▶ слу́шал 過＜слу́шать 動 226「聴く」 му́зыку＜му́зыка 女 228「音楽」

ヴェートゥー　ノーチ　ヤー　パリチュー　ヴガンコーンク

В э́ту **ночь** **я полечу́ в Гонко́нг.**

今晩（遅く），私は香港行きの飛行機に乗ります。

▶ полечу́＜полете́ть 完 363「飛び立つ」

フスヴァボードゥナエ　ヴりぇーミャ ヤー　チターユ　クニーギ

В свобо́дное **вре́мя** **я чита́ю кни́ги.**

暇があれば私は読書します。

▶ чита́ю＜чита́ть 動 207「読む」

カトーるい　　シーチャース　チャース

Кото́рый сейча́с **час** **?**

今，何時ですか。

▶ кото́рый 疑「いずれの」

チェーリズ　ミヌートゥー　ポーィエストゥ アットゥプら―ヴィッツァ

Че́рез **мину́ту** **по́езд отпра́вится.**

1分後に列車は出発します。

▶ че́рез 前「〜経って」 по́езд 男「列車」
　отпра́вится 完＜отправля́ться 動 366「出発する」

スコーら　ナチニョッツァ　　シゾーン　ダジュジェイ

Ско́ро начнётся **сезо́н** **дожде́й.**

もうすぐ梅雨の季節になります。

▶ ско́ро 副「まもなく」 начнётся＜нача́ться 完動・再帰 474「始まる」
　дожде́й 複・生＜дождь 男 133「雨」

| 1回目 | 年 月 日 ／7 | 2回目 | 年 月 日 ／7 | 3回目 | 年 月 日 ／7 | 達成率 **23 %** |

45

120 ☐ ☐ ☐	ヴィスナー **весна́** 活用 p.177	名|女 春 ▪ весно́й 副「春に」
121 ☐ ☐ ☐	リェータ **ле́то** 活用 p.177	名|中 夏 ▪ ле́том 副「夏に」
122 ☐ ☐ ☐	オーシニ **о́сень** 活用 p.177	名|女 秋 ▪ о́сенью 副「秋に」
123 ☐ ☐ ☐	ジマー **зима́** 活用 p.177	名|女 冬 ▪ зимо́й 副「冬に」
124 ☐ ☐ ☐	ヴァストーク **восто́к** 活用 p.178	名|男 東 ▪ восто́чный 形「東の, 東洋の」
125 ☐ ☐ ☐	ザーパットゥ **за́пад** 活用 p.178	名|男 西 ▪ за́падный 形「西の, 西洋の」
126 ☐ ☐ ☐	ユク **юг** 活用 p.178	名|男 南 ▪ ю́жный 形「南の」

ハチャー　ウジェ　ヴィスナー　イッショー　ホーラドゥナ

Хотя́ уже́ весна́, ещё хо́лодно.

既に春なのに，まだ寒いです。

▶ хотя́ 接「～にもかかわらず」 хо́лодно 副 137「寒く」

ヴェータム　ガドゥー　リェータ　　　アナマーリナ　　　ジャーるカエ

В э́том году́ ле́то анома́льно жа́ркое.

今年の夏は異常なほど暑い。

▶ анома́льно 副「異常に」 жа́ркое 中＜жа́ркий 形「暑い」＜жа́рко 副 136

カージュドゥユー　オーシニ　　ムィ　イジョーム　　ザグりバーミ

Ка́ждую о́сень мы хо́дим за гриба́ми.

毎秋私たちはキノコ狩りに行きます。

▶ ка́ждую 対＜ка́ждый 形「それぞれの」 гриба́ми 複＜грибы́ 複「キノコ」

ヴナッシェイ　ジりぇーヴニェ　　ジマー　　チョープラヤ

В на́шей дере́вне зима́ тёплая.

私たちの田舎では冬は暖かい。

▶ дере́вне 前＜дере́вня 女 081「田舎」
тёплая 女＜тёплый 形「暖かい」＜тепло́ 副 139

ウラジヴァストーク　　　　らスパローじェン　　　　ナヴァストーキェ　　　らシーイ

Владивосто́к располо́жен на восто́ке Росси́и.

ウラジオストックはロシアの東にあります。

▶ располо́жен 形・短＜расположенный 被・形過「位置している」

ソーンツェ　ヴァスホージット　ナヴァストーキェ　イ　ザホージット　　ナザーパジェ

Со́лнце восхо́дит на восто́ке и захо́дит на за́паде.

太陽は東にのぼり，西に沈みます。

▶ восхо́дит＜восходи́ть 動「昇る」 захо́дит＜заходи́ть 動「没する，入る」

ムィ　　アブィチナ　　　アッディハーィエм　　　ナユーギェ

Мы обы́чно отдыха́ем на ю́ге.

私たちはいつも南方でバカンスをします。

▶ обы́чно 副「通常」 отдыха́ем＜отдыха́ть 動 148「バカンスする」

1回目	年 月 日 ／7	2回目	年 月 日 ／7	3回目	年 月 日 ／7	達成率 **25 %**

127

シェーヴぃる

се́вер

活用 p.178

名|男 北

- се́верный 形「北の」

128

ジムリャー

земля́

活用 p.178

名|女 大地

- 大文字の始まりで「地球」。
- земля́к 男「同郷人」
- земля́нин 男「地球人」

129

ヴォーズドゥフ

во́здух

活用 p.178

名|男 空気

- ве́тер 男「風」

130

パゴーダ

пого́да

活用 p.178

名|女 天気

- я́сная 形・女 пого́да「晴天」

131

ニェーバ

не́бо

活用 p.178

名|中 空

- о́блако 中「雲」

132

ソーンツェ

со́лнце

活用 p.178

名|中 太陽

- со́лнечный 形「太陽の」

133

ドシュチ

дождь

活用 p.178

名|男 雨

- дождево́й 形「雨の多い」
- дождеви́к 男「レインコート」

ナシェーヴィリぇ　イポーニイ　フシグダー　ヴィパダーィットゥ　ムノーガ　スニェーガ

На сéвере（前）**Япóнии всегдá выпадáет мнóго снéга.**

日本の北部は降雪量が多い。

▶ Япóнии（生）＜Япóния（女）**141**「日本」 всегдá（副）「いつも」
выпадáет＜выпадáть（動）「降る」 мнóго「たくさんの」 снега（生）**134**（男）「雪」

ドゥヴァッツァッチ フタローィエ　アプれーリャ　ジェニ　ジムリー

22-ое[двáдцать вторóе] **апрéля - день** Земли（生）**.**

4月22日はアースディです。

▶ апреля（生）＜апрель「4月」 22-ое（日付を順序数詞の中性形で表します。
〜日が числó と中性形だからです）

シヴォードゥニャ ヴォーズドゥフ　オーチン　ハロードヌィイ

Сегóдня вóздух **óчень холóдный.**

今日は空気がとても冷たいです。

▶ óчень（副）**459**「とても」 холóдный（形）「冷たい」

カカーヤ　フチらー　ブィラー　パゴーダ

Какáя вчерá былá погóда **?**

昨日はどんな天気でしたか。

▶ какáя（女）＜какóй（疑）「どのような」 вчерá（副）**109**「昨日」

パシーニム—　ニェーブー ブリィヴゥートゥ ビェールィエ　アブラカー

По синему нéбу（与）**плывýт бéлые облакá.**

青い空に白い雲が流れていきます。

▶ синему（与）＜синий（形）「青い」 плывýт＜плáвать（動）**239**「泳ぐ（定向）」
бéлые（複）＜бéлый（形）「白い」 облакá＜облакó（中）「雲」

ザーフトゥら ブージットゥ　ソーンツェ

Зáвтра бýдет сóлнце **.**

明日は晴れです。

▶ зáвтра（副）**108**「明日」 бýдет（未）＜быть（動）**110**「いる」

ナウーリッツェ イジョットゥ　ドシュチ

На ýлице идёт дождь **.**

外は雨が降っています。

▶ ýлице（前）＜ýлица（女）**348**「外」 идёт＜идти（動）**359**「降る（定向）」

| 134 □ □ □ | スニェク

снег
_{活用 p.178} | 名|男 雪

▪ снéжный 形「雪の」
▪ снегови́к 男「雪だるま」 |

| 135 □ □ □ | ジャラー

жара́
_{活用 p.178} | 名|女 熱

▪ духота́ 女「蒸し暑さ」 |

| 136 □ □ □ | ジャーるカ

жа́рко | 副 暑く, 熱く |

| 137 □ □ □ | ホーラドゥナ

хо́лодно | 副 寒く

▪ моро́з 男「極寒, 零下」 |

| 138 □ □ □ | ぷらフラードゥナ

прохла́дно | 副 涼やかに |

| 139 □ □ □ | チプロー

тепло́ | 副 暖かく, 温かく

▪ теплота́ 女「暖かさ, 温かさ」 |

| 140 □ □ □ | らシーヤ

Росси́я
_{活用 p.178} | 名|女 ロシア

▪ ру́сский 形「ロシアの, ロシア人」 |

20

フチらー　ブィル　スニェク
Вчера́ был снег.

昨日は雪でした。

▶ вчера́ 副 109「昨日」　был 過<быть 動 110「いる」

カカーヤ　ジャらー
Кака́я жара́!

なんという暑さだ！

▶ кака́я 女<како́й 代「なんという《感嘆》」

カグダー　ジャーるカ　ヤー　ニ　ヴィハジュー　イズドーマ
Когда́ жа́рко, я не выхожу́ из до́ма.

暑い時は，私は家から出ません。

▶ когда́ 接「〜の時」　выхожу́<выходи́ть 動 487「出る」　из 前 生「〜から」
до́ма 生<дом 男 061「家」

ヴらシーイ　ホーラドゥナ　ジモーイ
В Росси́и хо́лодно зимо́й.

ロシアの冬は寒いです。

▶ Росси́и 前<Росси́я 女「ロシア」　зимо́й 副 123「冬に」

ヴィポーニィ　オーシニユー　プらフラードゥナ
В Япо́нии о́сенью прохла́дно.

日本では秋は涼しいです。

▶ о́сенью 副<о́сень 女 122「秋」

ヴェータム　ドーミェ　チプロー
В э́том до́ме тепло́.

この家の中は暖かい。

▶ э́том 前<э́тот 指代「この（141 ページ参照）」　до́ме 前<дом 男 061「家」

ヴァム　ヌらーヴィッツァ　らシーヤ
Вам нра́вится Росси́я?

ロシアは好きですか。

▶ нра́вится<нра́виться 動 222「気に入っている」

141
イポーニャ

Япо́ния

活用 p.178

名|女 日本
- япо́нский 形「日本の」

142
キターイ

Кита́й

活用 p.178

名|男 中国
- кита́йский 形「中国の」

143
アーングリア

А́нглия

活用 p.178

名|女 イギリス
- англи́йский 形「英国の」
- Великобрита́ния 女「イギリス」

144
げるマーニア

Герма́ния

活用 p.178

名|女 ドイツ
- неме́цкий 形「ドイツの」

145
ナツィアナーリナスチ

национа́льность

活用 p.178

名|女 民族, 国籍

146
フストゥりぇーチャ

встре́ча

活用 p.178

名|女 出会い
- встреча́ться 動「会う」

147
プチシェーストゥヴィエ

путеше́ствие

活用 p.178

名|中 旅行
- путеше́ствовать 動「旅行する」

21

リェーナ ジィヴョットゥ　ヴィポーニイ

Ле́на живёт в Япо́нии.

レーナは日本に住んでいます。

▶ Ле́на＜Еле́на 女「レーナ《女性名》」 живёт＜жить 動 293「住む」

フキターィエ　ガヴァりゃットゥ　ならズリーチヌィフ　ジアリェクタフ

В Кита́е говоря́т на разли́чных диале́ктах.

中国ではさまざまな方言で話されています。

▶ говоря́т＜говори́ть 動 274「話す」 разли́чных 前＜разли́чный 形「さまざまな」
диале́ктах 前・複＜диале́кт 男「方言」

アーングリア　ヴィシュラ　イッサスターヴァ　イヴらピェイスカヴァ　サユーザ

А́нглия вы́шла из соста́ва Европе́йского Сою́за.

イギリスは欧州連合から離脱しました。

▶ соста́ва 生＜соста́в 男「成員」
Европе́йского Сою́за 生＜Европе́йский Сою́з「欧州連合」

ヤー　ニカグダー　ニェーブィル　ヴギるマーニイ

Я никогда́ не́ был в Герма́нии.

一度もドイツに行ったことがありません。

▶ никогда́ 副「決して」 был 過＜быть 動 110「ある」

クトー　ヴィー　パナツィアナーリナスチ

Кто вы по национа́льности?

国籍はなんですか。

▶ кто 疑「誰」 по 前「～に関して」

カカーヤ　エータ フストゥりぇーチャ

Кака́я э́то встре́ча!

なんと奇遇な出会いでしょう！

▶ кака́я 女＜какой「なんという《感嘆》」

シチャース　トーリャ プラニーるィットゥ　プチシェーストゥヴィエ　フシンガプール

Сейча́с То́ля плани́рует путеше́ствие в Сингапу́р.

トーリャは今シンガポール旅行を計画中です。

▶ плани́рует＜плани́ровать 動「計画する」 Сингапу́р 男「シンガポール」

| 1回目 | 年 月 日 ／7 | 2回目 | 年 月 日 ／7 | 3回目 | 年 月 日 ／7 | 達成率 29 % |

148 □
□
□
アッディハーチ

одыха́ть

活用 p.182

（動）休息する，バカンスする

- отдохну́ть 完
- о́тдых 男「休息」

---

149 □
□
□
パースぱるトゥ

па́спорт

活用 p.178

（名｜男）パスポート

- паспортный 形・男 контроль「パスポートコントロール」
- иммигра́ция 女「イミグレーション」

---

150 □
□
□
ガスチーニッツァ

гости́ница

活用 p.178

（名｜女）ホテル

- оте́ль 男「ホテル」

---

151 □
□
□
ザカーズィヴァチ

зака́зывать

活用 p.182

（動）予約する

- заказа́ть 完
- зака́з 男「予約」

---

152 □
□
□
ウタチニャーチ

уточня́ть

活用 p.182

（動）確認する

- уточни́ть 完
- уточне́ние 中「確認」

---

153 □
□
□
りスタらーン

рестора́н

活用 p.178

（名｜男）レストラン

- столо́вая 女「食堂」
- кафе́ 不変中「カフェ」

---

154 □
□
□
バーる

бар

活用 p.178

（名｜男）バー

- каба́к 男「居酒屋，酒場」

22

カージュディイ ゴットゥ ヤー アッディハーユ ナガワーヤフ

Ка́ждый год я отды́хаю на Гава́ях.

私は毎年ハワイでバカンスをしています。

▶ ка́ждый год「毎年」 Гава́ях 前・複 < Гава́йи 複 < Гава́йя 男「ハワイ」

―――――――――――――――――

モージュナ パスマトゥりぇーち ヴァシュ パースポるトゥ

Мо́жно посмотре́ть ваш па́спорт?

あなたのパスポートを見てもいいですか。

▶ мо́жно 無人述 059「可能である」 посмотре́ть 完 < смотре́ть 動 225「見る」

―――――――――――――――――

ヴェータム らイオーニェ ガスチーニッツィ オーチン だらギィエ

В э́том райо́не гости́ницы о́чень дороги́е.

この地区では，ホテルは（値段が）高いです。

▶ райо́не < райо́н 男「地区」 дороги́е 複 < дорого́й 形 400「高い」

―――――――――――――――――

ヤー ハチュー ザカザーチ ストーリク フキターイスカム りスタらーニェ

Я хочу́ заказа́ть сто́лик в кита́йском рестора́не.

私は中華料理店を予約したいです。

▶ хочу́ < хоте́ть 動 223「欲する」 сто́лик < стол 068「テーブル」＊指小
кита́йском 前 < кита́йский 形「中国の」 рестора́не 前 < рестора́н 男 153「レストラン」

―――――――――――――――――

ウタチニーチェ パジャールスタ マユー ブローニ

Уточни́те, пожа́луйста, мою́ бронь.

私の予約を確認してください。

▶ бронь 女「予約」

―――――――――――――――――

ヴィ ニ パリカミンドゥーイチェ ハローシィイ りストゥらーン フらンツースカイ クーフニ

Вы не порекоменду́ете хоро́ший рестора́н францу́зской ку́хни?

どこか良いフランス料理のレストランを紹介していただけませんか。

▶ порекоменду́ете < порекомендова́ть 完「推薦する」
францу́зской 生・女 < францу́зский 形「フランスの」

―――――――――――――――――

シヴォードゥニャ ヤー プリグラシャーユ ヴァス ヴバーる

Сего́дня я приглаша́ю вас в бар.

今日は私がバーに招待します。

▶ приглаша́ю < приглаша́ть 動 155「招待する」

―――――――――――――――――

155

プリグラシャーチ

приглаша́ть

活用 p.182

動 誘う，招待する

- пригласи́ть 完
- вечери́нка 女「パーティー」
- пра́здник 男「祝日」

156

クーフニャ

ку́хня

活用 p.178

名 女 台所

- гото́вить 動「料理する」
- духо́вка 女「オーブン」
- микроволно́вая 形・女 печь「電子レンジ」

157

イダー

еда́

活用 p.178

名 女 食べ物

- пита́ние 中「食事，栄養」
- есть 動「食べる」

158

フクースヌィイ

вку́сный

形 美味な

- деликате́с 男「珍味」
- вкус 男「味」

159

イェスチ

е́сть

活用 p.182

動 食べる

160

ガトーヴィチ

гото́вить

活用 p.182

動 料理する，用意する

- приго́товить 完
- гото́вность 女「用意，準備」

161

ザーフトゥらク

за́втрак

活用 p.178

名 男 朝食

- за́втракать 動「朝食をとる」

カヴォー　ヴィ　　　プリグラシーリ　　　ナスヴァージブヌイ　　　バンケットゥ

Кого́ вы пригласи́ли[完複] на сва́дебный банке́т?

結婚披露宴に誰を招待していますか。

▶ сва́дебный 形「婚礼の」 банке́т 男「宴会」

フクーフニェ　　バーフニットゥ　　チェムタ　　フクースヌィム

В ку́хне[前] па́хнет чем-то вку́сным.

台所で 何か美味しそうな匂いがします。

▶ па́хнет＜па́хнуть 動「匂う」 чём-то 週＜что́-то 不定代「何か」

ポースリィデイ　　　ウラジーミる　　　アビザーチリナ　　ザホーチットゥ　コーフェ

По́сле еды́[生] Влади́мир обяза́тельно захо́чет ко́фе.

ウラジーミルは食後必ずコーヒーを飲みたくなります。

▶ обяза́тельно 副「必ず」 захо́чет＜захоте́ть 動「欲しくなる」

カコーイ　　フクースヌイ　　トるトゥ

Како́й вку́сный торт!

なんておいしいケーキなの！

▶ Како́й ～！「なんて～なんだ！」＊感嘆文 торт 男「ケーキ」

ヤー　イェる　ウージィン　　サピチータム

Я ел[過] у́жин с аппети́том.

食欲もりもりで夕飯を食べました。

▶ аппети́том 週＜аппети́т 男「食欲」

プりガトーフィ　　バジャールスタ　　ボーるシュ　カビェードゥプりドゥーットゥ　ゴースチ

Пригото́вь, пожа́луйста, борщ. К обе́ду приду́т го́сти.

ボルシチを作って。昼食にお客さんが来るんだ。

▶ пригото́вь 命・完＜пригото́вить 動「料理する」приду́т＜прийти́ 動 364「来る」

ザーフトゥらク　フホージットゥ　フプラートゥー　　ザプらジヴァーニエ

За́втрак вхо́дит в пла́ту за прожива́ние.

朝食はホテル代に含まれています。

▶ вхо́дит＜входи́ть в 486「～に含まれる」 пла́ту 対＜пла́та 女「料金」
прожива́ние 中「宿泊」

162 ☐
☐
☐

アビェットゥ

обéд

活用 p.178

名|男 昼食

▪обéдать 動「昼食をとる」

163 ☐
☐
☐

ウージン

ýжин

活用 p.178

名|男 夕食

▪ýжинать 動「夕食をとる」

164 ☐
☐
☐

ぼるシュ

борщ

活用 p.178

名|男 ボルシチ

▪пельмéни 複「ペリメニ」

165 ☐
☐
☐

ぴらジョーク

пирожóк

活用 p.178

名|男 ピロシキ

▪=пирожки́ 複

166 ☐
☐
☐

りス

рис

活用 p.178

名|男 米

▪кáша 女「リゾット」

167 ☐
☐
☐

フリェプ

хлеб

活用 p.178

名|男 パン

▪бýлочка 女「小さい白パン」
▪батóн 男「棒パン」

168 ☐
☐
☐

マースラ

мáсло

活用 p.178

名|中 バター

▪сли́вочное 形・中 мáсло「バター」
▪расти́тельное 形・中 мáсло「植物油」

アビェットゥ　ガトーフ　　サジーチェシ　　ザストール
Обе́д готов, сади́тесь за стол.

昼食の用意ができました席に着いてください。

▶ гото́в 短•男 ＜ гото́вый 形「準備できている」сади́тесь 命 ＜ сади́ться 動「座る」

ヤー　ハチュー　　プリグラシーチ　　チビャー　　クシビェー　　ダモーイ　　　ナウージィン
Я хочу́ пригласи́ть тебя́ к себе́ домо́й на у́жин.

私はあなたを自分の家に夕食に招待したいです。

▶ хочу́ ＜ хо́теть 動 223「欲する」пригласи́ть 動「招待する」
тебя́ 対 ＜ ты「君を」к себе́ 再「自分のところへ」домо́й 副「家に」

シヴォードゥニャー　ヤー　　プリガトーヴリュー　　ボールシュ
Сего́дня я пригото́влю борщ.

今日はボルシチを作ります。

▶ сего́дня 副 107「今日」пригото́влю 完 ＜ гото́вить 動 160「料理する」

ダイチェ　　　パジャールスタ　　ドゥヴァ　ぴらシュカー
Да́йте, пожа́луйста, два пирожка́.

ピロシキを２つください。

▶ 数 ＋ 名 生「～個」

ナーシ　　ジェーチ　スウダヴォーリストゥヴィエム　イジャットゥ　カーりィ　　スリーサム
На́ши де́ти с удово́льствием едя́т ка́рри с ри́сом.

うちの家は，子どもたちは喜んでカレーライスを食べます。

▶ с удово́льствием 成「喜んで」едя́т ＜ есть 動 159「食べる」

ダイチェ　　　パジャールスタ　　ニムノーガ　　フリェーバ
Да́йте, пожа́луйста, немно́го хле́ба.

パンを少しください。

▶ немно́го ＋ 生「少し」

モージュナ　　ナマーザチ　フリェープ　マースラム
Мо́жно нама́зать хлеб ма́слом.

パンにバターを塗ってもいいです。

▶ мо́жно 無人述 059「可能である」нама́зать 動「塗る」

| 1回目 | 年 月 日 ／7 | 2回目 | 年 月 日 ／7 | 3回目 | 年 月 日 ／7 | 達成率 33 % |

59

　ロシア語の全ての名詞は男性名詞，中性名詞と女性名詞に分かれます。生きているものにも，物にも等しく単語には性があり，その種別には規則があり，語尾の文字によって分けられています。

男性名詞	子音で終わる：й, ь	студéнт（学生），музéй（美術館），учи́тель（教師）
女性名詞	а, я, ь で終わる	женá（妻），дерéвня（村），тетрáдь（ノート）
中性名詞	о, е で終わる	окнó（窓），мóре（海）

複数形のきまり

　複数形の語尾変化には規則があります。男性名詞と女性名詞の大半は語尾が ы となります。男性名詞は子音で終わる場合に ы を付与します。ただし：й で終わる時は и, ь で終わる時には и に変えます。女性名詞は最後の文字 а を ы に変えます。ただし：я は и となり，ь は и となります。中性名詞には独自のルールがあります。о は а，е は я に変え，アクセントが移動します。語尾変化に注目すると，母音が硬音だった語尾は硬音に，軟音だったものは軟音の語尾に変わります。

студéнт ⇒ студéнты	музéй ⇒ музéи	писáтель ⇒ писáтели
минýта ⇒ минýты	дерéвня ⇒ дерéвни	тетрáдь ⇒ тетрáди
окнó ⇒ óкна	мóре ⇒ моря́	

複数形で不規則なものもあります。いくつかあげておきます。

дом ⇒ домá	гóрод ⇒ городá	учи́тель ⇒ учителя́
брат ⇒ брáтья	стул ⇒ стýлья	друг ⇒ друзья́
дéрево ⇒ дерéвья	дочь ⇒ дóчери	мать ⇒ мáтери

綴りの規則

　ロシア語には正書法という綴りの規則があります。г, к, х, ж, ч, ш, щ のあとに ы, ю, я を書きません。代わりに ы を и，ю を у，я を а と書きます。この規則によって複数形を造る際の ы という文字は上記の文字のあとには и に置き換わります。

кни́га ⇒ кни́ги 本	учéбник ⇒ учéбники 教科書	зáпах ⇒ зáпахи 匂い

動詞 быть は英語の be 動詞にあたる最重要動詞です。現在形は存在せず，未来形と過去形があります。過去形は主語になる名詞や代名詞の性，数によって活用が変わり，未来形は主語の人称によって活用を変えます。

　未来形＋不完了体動詞の不定形で〜をする予定であるという意味になり助動詞の役割をします。本文 **110** を参照してください。

未来形		過去形	
я	бу́ду	он	был
ты	бу́дешь	она́	была́
он/она	бу́дет	оно́	бы́ло
мы	бу́дем	мы	бы́ли
вы	бу́дете	вы	бы́ли
они	бу́дут	они́	бы́ли

例 Он **был** вчера́ в теа́тре.　彼は昨日，劇場に行きました。

　Он у нас **бу́дет** за́втра.　彼は私達のところに明日，来ます。

　Я **бу́ду** смотре́ть фильм послеза́втра.　私は明後日，映画を観る予定です。

発音と読み方②

　ロシア語には有声子音，無声子音があります。無声音は息の音だけで発音するものであり，有声音を発音すると声が出ます。有声子音が語末にくる場合にはその音は無声化するというルールがあります。特定の有声子音と無声子音はそれぞれ表のように上下の音がペアになっています。上の有声子音を無声化すると下の無声子音になります。

Б	В	Г	Д	Ж	З
П	Ф	К	Т	Ш	С

語末が無声化する単語の例：

клуб（クラブ）⇒ クループ　　　**друг**（男友達）⇒ ドゥるーク

го́род（都市）⇒ ゴーらトゥ　　　**муж**（夫）⇒ ムシュ

глаз（目）⇒ グラース

169
スィる

сыр
活用 p.178

名|男 チーズ
- творо́г 男「カッテージチーズ」
- смета́на 女「サワークリーム」

170
カルバサー

колбаса́
活用 p.178

名|女 サラミ
- соси́ска 女「ウィンナーソーセージ」
- ветчина́ 女「ハム」

171
ミャーサ

мя́со
活用 p.178

名|中 肉
- говя́дина 女「牛肉」
- свини́на 女「豚肉」
- ку́рица 女「鶏肉」

172
るィーバ

ры́ба
活用 p.178

名|女 魚
- морепроду́кты 複「魚介類」
- туне́ц 男「鮪」
- лосо́сь 女「サーモン」

173
オーヴァシュィ

о́вощи
活用 p.178

名|複 野菜
- сала́т 男「サラダ」
- огре́ц 男「キュウリ」
- помидо́р 男「トマト」

174
ふるクトゥ

фрукт
活用 p.178

名|男 フルーツ
- я́блоко 中「リンゴ」
- апельси́н 男「オレンジ」

175
イッツォ

яйцо́
活用 p.178

名|中 卵
- я́йца 複
- омле́т 男「オムレツ」

25

るースキエ　イジャットゥ　フリェーブ　スシーらム　　ナザーフトゥラク

Ру́сские едя́т хлеб с сы́ром на за́втрак.

ロシア人は朝食にチーズのオープンサンドを食べます。

▶ хлеб 男 167「パン」 за́втрак 男 161「朝食」

フセ　リュービャットゥ　イスパンスクユー　　カルバスー

Все лю́бят испа́нскую колбасу́.

スペインのサラミは皆が好きです。

▶ лю́бят＜люби́ть 動 224「愛する」
испа́нскую 女・対＜испа́нский 形「スペインの」

ターニャ　ニ　イエストゥ　ミャーサ

Та́ня не ест мя́со.

ターニャは肉を食べません。

▶ Та́ня 女「Татья́на (タチアナ) の愛称」 ест＜есть 動 159「食べる」

るぃバ　　　サーマヤ　　リュビーマヤ　　イダー　　ヴァロージ

Ры́ба - са́мая люби́мая еда́ Воло́ди.

魚はヴァロージャの一番好きな食べ物です。

▶ люби́мая 女＜люби́мый 形「好きな」
Воло́ди 生＜Воло́дя 男「Влади́мир (ウラジミール) の愛称」

ジモーイ　ニ　タ―ク　ムノーガ　アヴァシェーイ　　ウマガジーナフ

Зимо́й не так мно́го овоще́й в магази́нах.

冬はお店には野菜があまり多くありません。

▶ зимо́й 副 123「冬に」 мно́го「たくさんの」 магази́нах＜магази́н 男 390「店」

リェータム　パイヴリャーーイッツァ　オーチン　ムノーガ　フルークタフ　　ウマガジーナフ

Ле́том появля́ется о́чень мно́го фру́ктов в магази́нах.

夏になるとお店にたくさんのフルーツが出回ります。

▶ появля́ется＜появля́ться 動「出現する」 мно́го＋生・複「たくさん」

ブリヌィ　ジェーラユッツァ　イズマラカー　イ́ーツ　イ　ムキー

Блины́ де́лаются из молока́, яи́ц и муки́.

ブリヌィはバター，卵，小麦粉でできています。

▶ де́лаются＜де́латься 動「成る，できる」 муки́ 生＜мука́ 女「小麦粉」

176

スラーダスチ

сла́дости

活用 p.178

名|複 甘いもの

- десе́рт 男「デザート」
- торт 男「タルト」
- пиро́жное 中「ケーキ」

177

シィカラットゥ

шокола́д

活用 p.179

名|男 チョコレート

- кака́о 不変中「カカオ」

178

ピチ

пить

活用 p.182

動 飲む

- вы́пить 完
- напи́ток 男「飲み物」
- алкого́льный 形・男 напи́ток「アルコール飲料」

179

ヴィノー

вино́

活用 p.179

名|中 ワイン

- шампа́нское 中「シャンパン」
- ликёрный 形・男 магази́н「リカーショップ」
- виногра́д 男「ブドウ」

180

ピーヴァ

пи́во

活用 p.179

名|中 ビール

- во́дка 女「ウオッカ」
- разливно́е 形・中 пи́во「生ビール」
- пивно́й 形・男 заво́д「ビール工場」

181

ヴァダー

вода́

活用 p.179

名|女 水

- газиро́ванная 形・女 вода́「炭酸水」

182

コーフェ

ко́фе

活用 p.179

名|男 珈琲

- эспре́ссо 不変中「エスプレッソ」
- латте́ 不変中「カフェラテ」
- чёрный 形・男 ко́фе「ブラックコーヒー」

26

マヤー　ジェーヴシュカ　オーチン　リュービットゥ　スラーダスチ

Моя́ де́вушка о́чень лю́бит сла́дости.

僕の彼女はすごく甘いものが好きです。

▶ де́вушка 女「お嬢さん」лю́бит＜люби́ть 動 224「愛する」

るースキー　シィカラートゥ　パクパーイッツァ　カーク　スヴィニーる

Ру́сский шокола́д покупа́ется как сувени́р.

ロシアのチョコレートはお土産としてよく買われています。

▶ покупа́ется 再帰＜покупа́ть 動 392「買う」как 接「〜として」
сувени́р 男「お土産」

ヴィーカ　サフシェーム　ニ　ピヨーットゥ　アルカゴーリヌィエ　ナピートゥキ

Ви́ка совсе́м не пьёт алкого́льные напи́тки.

ヴィーカはまったくアルコール飲料を飲みません。

▶ Ви́ка「Викто́рия（ビクトリア《女性名》）の愛称」совсе́м 副「まったく」
алкого́льные напи́тки「アルコール飲料」

ヤー　プリトゥパチターユ　くらースナエ　ヴィノー

Я предпочита́ю кра́сное вино́.

私は赤ワインが好きです。

▶ предпочита́ю＜предпочита́ть 動 501「好む」кра́сное 中＜кра́сный 形「赤い」

ダヴァイチェ　スナチャーラ　ヴィピィム　ピーヴァ

Дава́йте снача́ла вы́пьем пи́во.

最初はビールを飲みましょう。

▶ снача́ла 副「初めに」вы́пьем＜вы́пить 動 178「飲む」

ダイチェ　パジャールスタ　ヴォードゥー　ベズガーザ

Да́йте, пожа́луйста, во́ду без га́за.

炭酸じゃない水をください。

▶ да́йте 命＜дать 動 288「与える」без 前「〜なしの」га́за 生＜газ 男「炭酸」

ボーバ　ザカジー　ムニェ　パジャールスタ　コーフェ　スマラコム

Во́ва, закажи́ мне, пожа́луйста, ко́фе с молоко́м.

ボーバ，カフェオレを注文して。

▶ Во́ва 男「Влади́мир（ウラジーミル《男性名》）の愛称」
закажи́ 命＜зака́зывать 動 151「予約する」молоко́м 造＜молоко́ 中「ミルク」

183

チャイ

чай

活用 p.179

名｜男 茶

- зелёный 形・男 чай「緑茶」
- чёрный 形・男 чай「紅茶」
- травяно́й 形・男 чай「ハーブティー」

184

ブリューダ

блю́до

活用 p.179

名｜中 料理

- еда́ 女「食べ物」
- ку́хня 女「料理」
- гото́вить 動「料理する」

185

ローシュカ

ло́жка

活用 p.179

名｜女 スプーン

- ви́лка 女「フォーク」
- нож 男「ナイフ」
- столо́вые 形・複 прибо́ры「カトラリー」

186

ブッティールカ

буты́лка

活用 p.179

名｜女 瓶

- ба́нка 女「瓶, 缶」
- пла́стиковая 形・女 буты́лка「ペットボトル」

187

サーハる

са́хар

活用 p.179

名｜男 砂糖

- соль 女「塩」
- пе́рец 男「胡椒」
- припра́ва 女「調味料」

188

ジヴォートゥナエ

живо́тное

活用 p.179

名｜中 動物

- зверь 男「野獣」

189

サバーカ

соба́ка

活用 p.179

名｜女 犬

- пёс 男「雄犬」

27

ヤー　アブイチナ　ピユー　チャイ
Я обы́чно пью 「чай」.

私はふだんは紅茶を飲んでいます。

▶ обы́чно 副「通常は」 пью＜пить 動 **178**「飲む」

ヴェータム　りストゥらーニエ　オーチン　ムノーガ　ブリュットゥ
В э́том рестора́не о́чень мно́го 「блюд」.

このレストランにはとてもたくさんの料理があります。

▶ рестора́не 前＜рестора́н 男 **153**「レストラン」
о́чень 副 **459**「とても」 мно́го ＋ 生・複「〜がたくさん」

プロフ　ウドーブナ　イェスチ　ローシュカイ
Плов удо́бно есть 「ло́жкой」.

ピラフはスプーンで食べるのがいい。

▶ плов「ピラフ」 удо́бно 副「楽である，都合がいい」

ブッティルカ　ヴィナー　ジェーらイットゥ　ミニャー　シスリーヴィム
「Буты́лка」 вина́ де́лает меня́ счастли́вым.

ワイン1本で幸せになれます。

▶ де́лать ＋ 造「〜にさせる」 счастли́вым 造＜счастли́вый「幸せな」

スコーリカ　ロージェク　サーハら　ティ　クラジョーシ　フチャイ
Ско́лько ло́жек 「са́хара」 ты кладёшь в чай?

紅茶に何杯砂糖を入れる？

▶ ско́лько ＋ 生・複「〜何個」 ло́жек 生・複＜ло́жка 女 **185**「スプーン」

ウヴァース　イェースチ　カコーイエニブージ　ジヴォートゥナエ
У вас есть како́е-нибудь 「живо́тное」?

あなたは何か動物を飼っていますか。

▶ како́е-нибудь 不定・中「何かの」

カカーヤ　ミーらヤ　サバーカ　カカーヤ　エータ　パろーダ
Кака́я ми́лая 「соба́ка」! Кака́я э́то поро́да?

なんてかわいい犬！　犬種はなんですか。

▶ Кака́я 〜 !「なんて〜なんだ！《感嘆》」Кака́я 疑「どんな」поро́да 女「品種」

190 ☐☐☐
コーシュカ

ко́шка

活用 p.179

名|女 猫

- кот 男「雄猫」

---

191 ☐☐☐
プチーッツア

пти́ца

活用 p.179

名|女 鳥

- го́лубь 男「ハト」
- воробе́й 男「スズメ」

---

192 ☐☐☐
シュコーラ

шко́ла

活用 p.179

名|女 学校

- шко́льный 形「学校の」
- класс 男「教室」

---

193 ☐☐☐
ウニヴィるシチェットゥ

университе́т

活用 p.179

名|男 大学

- факульте́т 男「学部」
- аспиранту́ра 女「大学院」
- ка́федра 女「講座」

---

194 ☐☐☐
インスティトゥーットゥ

институ́т

活用 p.179

名|男 単科大学, 研究所

- акаде́мия 女「アカデミー」
- курс 男「課程」

---

195 ☐☐☐
ウチーチリ

учи́тель

活用 p.179

名|男 教師

- профе́ссор 男「教授」
- преподава́тель 男「講師, 大学講師」

---

196 ☐☐☐
ストゥジェーントゥ

студе́нт

活用 p.179

名|男 学生

- студе́нтка 女「(女子)大学生」
- шко́льник 男「(男子)小中高生」
- шко́льница 女「(女子)小中高生」

28

Куда́ ушла́ на́ша ко́шка?

うちの猫はどこに行ったのだろう？

▶ куда́ 副「どこへ」 ушла́ 過 < уйти́ 動「去る」

Как пти́цы стро́ят гнёзда?

鳥はどうやって巣をつくるのだろうか。

▶ стро́ят < стро́ить 動 301「建てる」 гнёзда 複 < гнездо́ 中「巣」

Мои́ де́ти лю́бят ходи́ть в шко́лу.

私の子どもたちは学校が好きです。

▶ лю́бят < люби́ть 動 224「愛する」 ходи́ть 生 動 359「通う」

По́сле оконча́ния университе́та я вы́шла за́муж.

大学卒業後，私は（女性）結婚しました。

▶ по́сле 前「～の後」 оконча́ния 生 < оконча́ние 中「終了」

В на́шем институ́те преподаю́т овощево́дство.

私たちの大学では野菜栽培の講義があります。

▶ преподаю́т < преподава́ть 動「教える，講義する」
овощево́дство 中「野菜栽培」

Мой оте́ц учи́тель матема́тики в шко́ле.

私の父は学校の数学の教師です。

▶ матема́тики 生 < матема́тика 女「数学」

Анто́н студе́нт медици́нского факульте́та.

アントンは医学部の学生です。

▶ медици́нского 生 < медици́нский 形「医学の」
факульте́та 生 < факульте́т 男「学部」

| 1回目 | 年 月 日 /7 | 2回目 | 年 月 日 /7 | 3回目 | 年 月 日 /7 | 達成率 **39 %** |

197

ウロータ

уро́к

活用 p.179

名|男 授業

- заня́тия 複 「授業」
- ле́кция 女 「講義」

198

らスピサーニエ

расписа́ние

活用 p.179

名|中 時間割, スケジュール

- план 男 「計画」

199

ウチェーブニク

уче́бник

活用 p.179

名|男 教科書

- материа́л 男 「資料」
- посо́бие 中 「参考書」

200

ザダーニエ

зада́ние

活用 p.179

名|中 宿題

- упражне́ние 中 「練習問題, 課題」

201

りシャーチ

реша́ть

活用 p.182

動 決定する, 解答する

- реши́ть 完
- реше́ние 中 「決定, 解決」

202

イグザーミン

экза́мен

活用 p.179

名|男 試験

- пи́сьменный 形・男 экза́мен 「筆記試験」
- у́стный 形・男 экза́мен 「口頭試験」
- се́ссия 女 「試験期」

203

ヴァプろース

вопро́с

活用 p.179

名|男 質問

- пробле́ма 女 「問題」
- отве́т 男 「答え」

29

エタットゥ ウローク るースカヴァ イズィカ ドゥリャナチナーユシフ

Этот **урок** **рýсского языкá для начинáющих.**

このロシア語の授業は初心者向けです。

▶ языкá 生 < язык 男「ロシア語」 начинáющих 生・複 < начинáющий「初学者」

フチらー ヴァジム パルチール らスピサーニエ ウローカフ

Вчерá Вадúм получúл **расписáние** **урóков.**

昨日ヴァジムは授業の時間割を受け取りました。

▶ получúл 過 < получáть 動 449「受け取る」 урóков 生・複 < урок 男 197「授業」

アトゥクローイチェ ウチェーブニク ナストゥらニーッツェ スト ソーらク ヴォーシミ

Открóйте **учéбник** **на странúце 148**[сто сóрок вóсемь].

教科書の 148 ページを開いてください。

▶ открóйте 命 < открывáть 動 479「開ける」 странúце 前 < странúца 女「ページ」

シヴォードゥニャ ザーダリ ダマーシュニェエ ザダーニエ

Сегóдня зáдали домáшнее **задáние.**

今日は宿題が出されました。

▶ зáдали 過 < задáть 動「課する」 домáшнее 中 < домáшний 形「家の」

パダジュジー ヤー イショー ニ りシール ザダーニエ

Подождú, я ещё не **решúл** **задáние.**

ちょっと待って，まだ課題が解けてないんだ。

▶ подождú 完・命 < ждáть 動 443「待つ」 задáние 中「課題」

ナーダ ウシェーるドゥナ ザニマッツァ シュトーブィ ズダーチ イグザーミン

Нáдо усéрдно занимáться, чтóбы сдать **экзáмен.**

試験に合格するために一生懸命勉強しないといけません。

▶ усéрдно 副「一生懸命に」 занимáться 206「勉強する」
чтóбы 接「～するために」 сдать 動「(試験に) 受かる」

モージュナ ザダーチ ヴァプろース

Мóжно задáть **вопрóс?**

ひとつ質問してもいいですか。

▶ мóжно 無人述 059「可能である」 задáть 動「課する」

204

ズナチ

знать

活用 p.182

動 知っている

- узна́ть 完

205

ウチッツァ

учи́ться

活用 p.182

動 学ぶ, 勉強する

- вы́учиться 完
- учёба 女「学習」

206

ザニマッツァ

занима́ться

活用 p.182

動 勉強する, 従事する

- заня́ться 完
- изуча́ть 動「習得する, 研究する」

207

チターチ

чита́ть

活用 p.182

動 読む

- прочита́ть 完

208

パフタりゃーチ

повторя́ть

活用 p.183

動 繰り返す, 復習する

- повтори́ть 完
- повтори́ться 再帰動
- повторе́ние 中「復習」

209

ジェーラチ

де́лать

活用 p.183

動 する, つくる

- сде́лать 完
- де́ло 中「用事, 為すべきこと」

210

イストーりヤ

исто́рия

活用 p.179

名 女 歴史

- истори́ческий 形「歴史の」

30

ヤー ズナーユ エートゥ ジェーヴシュク—

Я [зна́ю] э́ту де́вушку.

私はこのお嬢さんを知っています。

▶ де́вушку 対 ＜ де́вушка 女 「お嬢さん」

アリェーク ウーチッツァ フシジモーム クラッシェ

Оле́г [у́чится] в седьмо́м кла́ссе.

オレグは7年生です。

▶ Оле́г 男 「オレグ《男性名》」 седьмо́м ＜ седьмо́й 形 「7番目の」
кла́ссе ＜ класс 男 「クラス」

アナー ザニマーイッツァ スウトらー ドーナチ

Она́ [занима́ется] с утра́ до́ ночи.

彼女は朝から晩まで勉強しています。

▶ с утра́ до́ ночи 成 「朝から晩まで」

ヤー チターユ ばるースキー

Я [чита́ю] по-ру́сски.

私はロシア語が読めます。

▶ по-ру́сски 副 「ロシア語で」

マリーナ パフタリーラ フセ スラヴァー パタムー シュタ ザーフトゥら ブージットゥ イグザーミン

Мари́на [повтори́ла] все слова́, потому́ что за́втра бу́дет экза́мен.

明日が試験なので，マリーナは全単語の復習をしました。

▶ слова́ 複 ＜ сло́во 中 273 「単語」 потому́ что 「なぜなら」
за́втра 副 108 「明日」 экза́мен 男 202 「試験」

シュト ティ ジェーライシ

Что ты [де́лаешь]?

君は何してるの？

▶ Что 疑 「何を」

イストーりヤ パフタりゃーイッツァ ドゥヴァージュディ

[Исто́рия] повторя́ется два́жды.

歴史は二度繰り返す。

▶ повторя́ется 再帰 ＜ повторя́ть 動 208 「繰り返す」 два́жды 副 「二度」

211 ☐ ☐ ☐	イスクーストゥヴァ **искýсство** 活用 p.179	名|中 芸術 ▪ искýсственный 形「芸術の, 人工の」 ▪ артúст 男「アーティスト」 ▪ зáпадное 形・中 искýсство「西洋美術」
212 ☐ ☐ ☐	かるチーナ **картúна** 活用 p.179	名|女 絵画 ▪ худóжник 男「画家」 ▪ рисовáть 動「(絵を) 描く」
213 ☐ ☐ ☐	カランダーシュ **каранда́ш** 活用 p.179	名|男 鉛筆 ▪ цветнóй 形・男 каранда́ш「色鉛筆」 ▪ лáстик 男「消しゴム」
214 ☐ ☐ ☐	るーチカ **рýчка** 活用 p.179	名|女 ペン ▪ шáриковая 形・女 рýчка「ボールペン」 ▪ авторýчка 女「万年筆」
215 ☐ ☐ ☐	チトらーチ **тетрáдь** 活用 p.179	名|女 ノート ▪ записнáя 形・女 кни́жка「メモ帳」 ▪ тетрáдь 女 в 前 линéйку 対「罫線ノート」
216 ☐ ☐ ☐	クニーガ **кни́га** 活用 p.179	名|女 本 ▪ расскáз 男「物語, 話」 ▪ ромáн 男「長編小説」
217 ☐ ☐ ☐	チジョールЫイ **тяжёлый**	形 重い ▪ вес 男「重量, 体重」

31

ムゼーイ　　ザーパドゥヌィフ　　イスクーストゥフ　　シヴォードゥニャ　ザクリットゥ

Музе́й за́падных искýсств сего́дня закры́т.

西洋美術館は今日は閉館です。

▶ музе́й 男 304「美術館」 закры́т 短・形・男 ＜закры́ть「閉まっている」

エータ　　かるチーナ　　オーチン　　インチリスーィットゥ　　ミニャー

Э́та карти́на о́чень интересýет меня́.

私はこの絵画にとても興味をひかれます。

▶ э́та 指代「この (141 ページ参照)」 о́чень 副 459「とても」
интересýет ＜интересова́ть 動「関心をひく」

ムニェ　　ウドーブナ　ピサーチ　　　カランダショーм

Мне удо́бно писа́ть карандашо́м.

私は鉛筆で書くのが楽です。

▶ удо́бно 副「楽である」 писа́ть 動 286「書く」
造格には「〜で」という道具の意味がある

カキーィエ　ウチビャー　イェスチ　るーチキ

Каки́е у тебя́ есть рýчки?

どんなペンを持っていますか。

▶ каки́е 疑「どのような」 у＋生「持っている」

パジャールスタ　　アトゥクロ―ィチェ　　チトゥらーチ

Пожа́луйста, откро́йте тетра́дь.

ノートを開いてください。

▶ пожа́луйста 副「どうか」 откройте 命 ＜открыва́ть 動 479「開ける」

ヤー　ヴジラー　アドヌー　クニーグー　　ヴビブリアチェーキェ

Я взяла́ однý кни́гу в библиоте́ке.

図書館で本を 1 冊借りました。

▶ взяла́ 過 ＜взять 動「取る」 библиоте́ке 前 ＜библиоте́ка 女 305「図書館」

ムニェ　ニ　オーチン　ホーチッツァ　チターチ　タコーイ　チジョールルィイ　らスカース

Мне не о́чень хо́чется чита́ть тако́й тяжёлый расска́з.

こんな重い話はあまり読みたくありません。

▶ хо́чется 再帰 ＜хоте́ть 動 223「欲する」 расска́з 男「お話，中編小説」

218

リョーフキイ

лёгкий

形 軽い

- легко 副 「軽く」

219

ガゼェータ

газе́та

活用 p.179

名|女 新聞

- журна́л 男 「雑誌」
- кио́ск 男 「駅売店」

220

スラバーり

слова́рь

活用 p.179

名|男 辞書

- сло́во 中 273
- разгово́рник 男 「会話集」

221

ティリヴィーざる

телеви́зор

活用 p.179

名|男 テレビ

- монито́р 男 「モニター」
- жёский 形・男 диск 「ハードディスク」

222

ヌらーヴィッツァ

нра́виться

活用 p.183

動 気に入っている

- понра́виться 完
- вкус 男 「好み, 味」

223

ハチェーチ

хоте́ть

活用 p.183

動 欲する

- захоте́ть 完
- жа́жда 女 「熱望」
- хоте́ть ＋ 不定 「〜したい」

224

リュビーチ

люби́ть

活用 p.183

動 愛する

- полюби́ть 完
- любо́вь 女 「愛」
- любо́вный 形 「恋の, 愛する」

32

ヤー ハチュー リョーフキイ イ トーンキイ ノウドゥブック

Я хочу́ `лёгкий` и то́нкий ноутбу́к.

軽くて薄いノートパソコンが欲しいです。

▶ то́нкий 形「薄い」 ноутбу́к 男「ノートパソコン」

ヴガジェーチェ らズミシュィナー インチりぇースナヤ スタチヤー

В `газе́те` размещена́ интере́сная статья́.

新聞に面白い記事が載っています。

▶ размещена́ 形動・短 ＜ размести́ть「掲載される」 статья́ 女「記事」

エータ プりラジェーニエ スラヴァーり るースカヴァ イズィカ

Э́то приложе́ние - `слова́рь` ру́сского языка́.

このアプリはロシア語の辞書アプリです。

▶ приложе́ние 中「アプリケーション」 ру́сского ＜ ру́сский 形「ロシアの」

フチらー ヴェーシ ジェニ ヤー スマトゥりぇール ティリヴィーザる

Вчера́ весь день я смотре́л `телеви́зор`.

昨日は一日中テレビを見ていました。

▶ весь день「一日中」 смотре́л 過 ＜ смотре́ть 動 225「見る」

ムニェ ヌらーヴァッツァ フらンツースキエ フィリムィ

Мне `нра́вятся` францу́зкие фи́льмы.

私はフランス映画が好きです。

▶ 人 与 ＋ нра́виться А「А が好きだ」 фи́льмы ＜ фильм 男「映画」

アナー ホーチットゥ スらーズー ウィエーハチ

Она́ `хо́чет` сра́зу уе́хать.

彼女はすぐに帰りたがっています。

▶ сра́зу 副「すぐに」 уе́хать 動「（乗って）去る」

ヤー リュブリュー チビャー ヴェスナー マヤー

Я `люблю́` тебя́. Весна́ моя́!

僕は君を愛しているよ。僕の春よ！

▶ тебя́ 対「君を」 ＜ ты 002 весна́ 女 120「春」

225

スマトゥりぇーチ

смотре́ть

活用 p.183

動 見る

- посмотре́ть 完
- зре́ние 中「視覚」

226

スルーシャチ

слу́шать

活用 p.183

動 聴く

- послу́шать 完
- радиоприёмник 男「ラジオ受信機」

227

ズヴク

звук

活用 p.179

名 男 音

- шум 男「騒音」
- прозвуча́ть 動「(音が) 響く」

228

ムージィカ

му́зыка

活用 p.179

名 女 音楽

- музыка́нт 男「音楽家」

229

ピェースニャ

пе́сня

活用 p.179

名 女 歌

- госуда́рственный 形・男 гимн「国歌」
- о́пера 女「オペラ」

230

ピェチ

петь

活用 p.183

動 歌う

- спеть 完

231

ギターら

гита́ра

活用 p.179

名 女 ギター

- гитари́ст 男「ギタリスト」
- шестистру́нная 形・女 гита́ра「6 弦ギター」

33

シヴォードゥニャ ヤー スマトゥりぇール　インスタグらーム　ドゥるーガ

Сего́дня я ⬚смотре́л⬚ **инстагра́м дру́га.**

今日私は友達のインスタグラムを見ました。

▶ сего́дня 副 107「今日」 дру́га 生＜друг 男 039「男友達」

ウマシーニェ　ヤー　スルーシャユ　らージオ

В маши́не я ⬚слу́шаю⬚ **ра́дио.**

車中でラジオを聞きます。

▶ маши́не 前＜маши́на 女 347「車」 ра́дио 男「ラジオ」

らズダールシャ　　グローームキイ　　ズヴク

Разда́лся гро́мкий ⬚звук⬚**.**

大きな音がしました。

▶ разда́лся 過＜разда́ться 動「鳴り響く」 гро́мкий 形「（音が）大きい」

フトットゥ マミェーントゥ　ぷらズヴチャーら　　ムーズィカ

В тот моме́нт прозвуча́ла ⬚му́зыка⬚**.**

その時，音楽が鳴り響きました。

▶ моме́нт 男「瞬間」 прозвуча́ла 過＜прозвуча́ть 動「音がする」

ヤー　リュブリュー　エートゥー　ピェースニュー

Я люблю́ э́ту ⬚пе́сню⬚**.**

私はこの歌が好きです。

▶ люблю́＜люби́ть 動「愛する」 э́ту＜э́та 指代「この（141 ページ参照）」

カージュダエ　ウートぅら ムィ パヨーム　　ギム　　らっシィスカイ　　　フィジらーツィイ

Ка́ждое у́тро мы ⬚поём⬚ **гимн Росси́йской Федера́ции.**

毎朝，私たちはロシア国歌を歌っています。

▶ у́тро 中 112「朝」 гимн 男「国家」 федера́ции 生＜федера́ция 女「連邦」

ヤー　イグらーユ　　ナギターりぇ

Я игра́ю на ⬚гита́ре⬚**.**

私はギターを弾きます。

▶ игра́ть на＋楽器「〜を演奏する」

| 1回目 | 年 月 日 ／7 | 2回目 | 年 月 日 ／7 | 3回目 | 年 月 日 ／7 | 達成率 **46 %** |

79

232 ☐ ☐ ☐	スクリープカ **скри́пка** 活用 p.179	名女 バイオリン ・виолонче́ль 女「チェロ」 ・фортепиа́но 不変中「ピアノ」
233 ☐ ☐ ☐	タンツィヴァチ **танцева́ть** 活用 p.183	動 踊る ・потанцева́ть 完 ・та́нец 男「踊り」
234 ☐ ☐ ☐	インチりぇースヌィイ **интере́сный**	形 興味深い ・интере́с 男「興味, 関心」 ・любопы́тство 中「好奇心」
235 ☐ ☐ ☐	スポるト **спорт** 活用 p.179	名男 スポーツ ・спорти́вный 形「スポーツの」
236 ☐ ☐ ☐	イグらーチ **игра́ть** 活用 p.183	動 遊ぶ, プレイする, 演奏する ・сыгра́ть 完 ・игра́ 女「遊び, ゲーム, 試合」 ・игро́к 男「(スポーツの) 選手」
237 ☐ ☐ ☐	フドゥボール **футбо́л** 活用 p.179	名男 サッカー ・футболи́ст 男「サッカー選手」 ・мини-футбо́л 男「フットサル」
238 ☐ ☐ ☐	ヴァリボール **волейбо́л** 活用 p.180	名男 バレーボール ・волейболи́ст 男「バレーボール選手」 ・баскетбол 男「バスケットボール」

34

イグらーチ　　ナスクリープキエ　　　ニ　タ－ク　プ ró スタ

Игра́ть на скри́пке не так про́сто.

バイオリンを弾くのはそう簡単ではありません。

▶ игра́ть 動「演奏する」 про́сто 副「簡単に」 так 副「それほどに」

ヤ－　　タンツィバーラ　　　ナバリェートゥナム　　　カンツェ－るチェ

Я танцева́ла на бале́тном конце́рте.

私はバレエコンサートで踊りました。

▶ на＋場所「〜で」 бале́тном 形「バレエの」＜бале́т 男
конце́рте 副＜конце́рт 男「コンサート」

ウヴァス　イェスチ　カキ－ィエ　　ニブ－チ　　インチりぇ－スヌィエ　　　　ノ－ヴァスチ

У вас есть каки́е-нибу́дь интере́сные но́вости?

何か興味深いニュースはありますか。

▶ у＋生「持っている」 каки́е-нибу́дь 不定代・複＜како́й-нибудь「何らかの」
но́вости 名・複「ニュース」

プ ó フェッサる　　ザニマ－ィッツァ　　　スポ－るタム

Профе́ссор занима́ется спо́ртом.

教授はスポーツをしています。

▶ профе́ссор 男 195「教授」 занима́ться ＋ 造「〜をする」

ジェ－チ　イグら－ユットゥ　　ナウ－リッツェ

Де́ти игра́ют на у́лице.

子どもたちは外で遊んでいます。

▶ на＋前「〜で」 у́лице＜у́лица「外」

ティ　イグ ら－イシ　　フドゥボ－ル

Ты игра́ешь в футбо́л?

君はサッカーをするの？

▶ игра́ешь＜игра́ть в＋スポーツ 対「〜を（プレイ）する」

ズボ－るナヤ　　　イポ－ニイ　　　バヴァリボ－ル－　　　シ－リナヤ

Сбо́рная Япо́нии по волейбо́лу си́льная.

日本のバレーボールナショナルチームは強豪です。

▶ сбо́рная 女＜сбо́рный 形「混成の」 си́льная 女＜си́льный 形「強い」

1回目	年 月 日 ／7	2回目	年 月 日 ／7	3回目	年 月 日 ／7	達成率 47 %

239
プラーヴァチ

плáвать

活用 p.183

[動] 泳ぐ〔運動〕

- плыть 定向
- бассéйн 男「プール」

240
パルク

парк

活用 p.180

[名|男] 公園

- бульвáр 男「並木道, 小公園」

241
プローシュィチ

плóщадь

活用 p.180

[名|女] 広場

- фонтáн 男「噴水」

242
ダローガ

дорóга

活用 p.180

[名|女] 道, 道路

- ýлица 女「通り」
- проспéкт 男「大通り」

243
モーりぇ

мóре

活用 p.180

[名|中] 海

- океáн 男「大洋」
- волнá 女「波」

244
ビェーりク

бéрег

活用 p.180

[名|男] 岸

- пляж 男「砂浜, 海水浴場」
- берегý : 特殊な男性前置格

245
オーストゥろフ

óстров

活用 p.180

[名|男] 島

- полуóстров 男「半島」

35

マヤー　ドーチ　イショー　ニ　プラーヴァイットゥ
Моя́ дочь ещё не пла́вает.

私の娘はまだ泳げません。

▶ дочь **女** 032「娘」　ещё **副**「まだ」

パウトゥらーム　ヤー　グリャーユ　フパルキェ
По утра́м я гуля́ю в па́рке.

私は朝ごとに公園で散歩します。

▶ утра́м **副**「朝に」　гуля́ю＜гуля́ть **動** 279「散歩する」

イザクナー　ガスチーニッツィ　ヴィドゥナー　プローッシュィチ　ガガーりナ
Из окна́ гости́ницы видна́ пло́щадь Гага́рина.

ホテルの窓からガガーリン広場が見えます。

▶ из＋**生**「～から」　окна́ **生**＜окно́ **中**「窓」
гости́ницы＜гости́ница **女** 150「ホテル」　видна́ **短・女**＜ви́дный **形**「見える」

ダろーガ　ヴらシーユー　ザニマーイットゥ　ジェーチチ　チソーフ
Доро́га в Росси́ю занима́ет 10[де́сять] часо́в.

ロシアまで10時間かかります。

▶ занима́ет＜занима́ть **動**「占める」　часо́в **生・複**＜час **男**「時間」

ナオーストゥらヴェ　ミヤコ　プりクらースナエ　モーりぇ
На о́строве Мияко прекра́сное мо́ре.

都島の海は素晴らしい。

▶ о́строве **前**＜о́стров **男** 245「島」
прекра́сное **中**＜прекра́сный **形** 317「素晴らしい」

ナビりグー　モーりゃ　スタイットゥ　ザーマク
На берегу́ мо́ря стои́т за́мок.

海岸に城が立っています。

▶ на＋**前**「～で」　мо́ря＜мо́ре **中**「海」　стои́т＜стоя́ть **動**「立っている」
за́мок **男**「城」

オーストゥらフ　アワジシマ　パチるピェール　ウシュィるブ　アドゥジムリトゥりシェーニヤ
О́стров Авадзисима потерпе́л уще́рб от землетрясе́ния.

淡路島は地震の被害を受けました。

▶ потерпе́л＜потерпе́ть **動**「(災害を)被る」　от **前**「～から《原因》」
землетрясе́ния＜землетрясе́ние **中**「地震」

246 □
□
□

ガらー

гора́

活用 p.180

名|女 山

- холм 男 「丘」
- го́рный 形・男 хребе́т 「山脈」

247 □
□
□

ズヴィズダー

звезда́

活用 p.180

名|女 星

- плане́та 女 「惑星」
- ко́смос 男, вселе́нная 女 「宇宙」
- гала́ктика 女 「銀河」

248 □
□
□

モストゥ

мост

活用 p.180

名|男 橋

- ба́шня 女 「塔」

249 □
□
□

ディリーンヌィイ

дли́нный

形 長い

- длина́ 女 「長さ」
- коро́ткий 形 「短い」

250 □
□
□

リェス

лес

活用 p.180

名|男 森

- лесу́：特殊な男性前置格
- ро́ща 女 「森」
- джу́нгли 複 「ジャングル」

251 □
□
□

ジェーりヴァ

де́рево

活用 p.180

名|中 木

- ветвь 女 「枝」
- лист 男 「葉」
- ствол 男 「幹」

252 □
□
□

ツヴィトーク

цвето́к

活用 p.180

名|男 花

- цвето́чный 形・男 магази́н 「花屋」
- цвести́ 動 「花が咲く」

36

ジモーイ　ムィ　パィエージム　カタッツァ　ナルィジャフ　ブゴーるい
Зимо́й мы пое́дем ката́ться на лы́жах в **го́ры**.

冬に山スキーに行きます。

▶ пое́дем＜пое́хать 完＜е́здить 不定 361「行く」

ナニェビエ　シヤーユットゥ　ズヴョーズディ
На не́бе сия́ют **звёзды**.

空に星が輝いています。

▶ сия́ют＜сия́ть 動「輝く」

ヴェータム　サドゥー　イェスチ　トゥらジチオーンヌィイ　クらースヌィイ　モーストゥ
В э́том саду́ есть традицио́нный кра́сный **мост**.

この庭園には日本伝統の赤橋があります。

▶ саду́：特殊な男性前置格　есть 動「ある」　традицио́нный 形「伝統的な」

エータットゥ　ディリーンヌィイ　モーストゥ　イヴリャーイッツァ　シームヴァラム　ゴーらダ
Этот **дли́нный** **мост явля́ется си́мволом го́рода.**

この長い橋は私たちの都市の象徴です。

▶ явля́ется＜явля́ться＋造「～である」　си́мволом 中「象徴」

ヴリスー　ムィ　サビらーリ　グりブィ
В **лесу́** **мы собира́ли грибы́.**

森でキノコ狩りをしました。

▶ собира́ли 過＜собира́ть 動「集める」　грибы́ 複＜гриб 男「きのこ」

ヴナーシム　サドゥー　イェスチ　ジェーりヴァ　サークるィ
В на́шем саду́ есть **де́рево** **са́куры.**

うちの庭には桜の木があります。

▶ в＋前「～に」　саду́：特殊な男性前置格　есть 動「ある」

ヤー　クピール　マーミェ　ツヴィトーク
Я купи́л ма́ме **цвето́к**.

私はママにお花を買いました。

▶ купи́л 過＜покупа́ть 動 392「買う」　ма́ме 与＜ма́ма 女 028「ママ」

　ロシア語の名詞は6つの格変化形を持っています（単数形で6つ，複数形も格変化しますので，全部で12通りに変化）。

	単独の場合	前置詞を伴う場合
主格	主語となる「〜は」	－
生格	所有／否定を表す「〜の」	所有を表す：**у кого** 〜 「〜には」
与格	与える対象を示す「〜に」	訪ねていく相手を表す： **к кому** 〜 「〜のところに」
対格	目的語になる「〜を」	目的地を表す： **в** 〜 「〜へ」
造格	道具・手段になる「〜によって」	伴うものを表す：**с чем** 〜 「〜と一緒に」
前置格	－	場所等を表す： **на чём** 〜 「〜で，〜に，ついて」

　名詞の性によってそれぞれの格変化の規則があります。表を参照してください。注目していただきたいのが，名詞には活動体（生きているもの）と不活動体があり，男性名詞ですと変化形に違いがあります。活動体の対格は生格と同じ，不活動体の対格は主格と同じ。女性単数形は活動体も不活動体も変化に変わりはありません。中性形は常に不活動体です（例外：**живо́тное** 動物は活動体）。男性名詞・女性名詞共に複数形活動体の対格は生格と同じ，不活動体の対格は主格と同じです。

硬音変化

	単数 男性活動	男性不活動	女性	中性	複数 男性活動	男性不活動	女性	中性
主格	студе́нт	дом (家)	жена́	окно́	студе́нты	дома́	жёны	о́кна
生格	студе́нта	до́ма	жены́	окна́	студе́нтов	домо́в	жён	о́кон
与格	студе́нту	до́му	жене́	окну́	студе́нтам	дома́м	жёнам	о́кнам
対格	студе́нта	дом	жену́	окно́	студе́нтов	дома́	жён	о́кна
造格	студе́нтом	до́мом	жено́й	окно́м	студе́нтами	дома́ми	жёнами	о́кнами
前置格	студе́нте	до́ме	жене́	окне́	студе́нтах	дома́х	жёнах	о́кнах

軟音変化

	単　数				複　数			
	男性活動	男性不活動	女性	中性	男性活動	男性不活動	女性	中性
主　格	учи́тель	музе́й	тетра́дь	мо́ре	учителя́	музе́и	тетра́ди	моря́
生　格	учи́теля	музе́я	тетра́ди	мо́ря	учителе́й	музе́ев	тетра́дей	море́й
与　格	учи́телю	музе́ю	тетра́ди	мо́рю	учителя́м	музе́ям	тетра́дям	моря́м
対　格	учи́теля	музе́й	тетра́дь	мо́ре	учителе́й	музе́и	тетра́ди	моря́
造　格	учи́телем	музе́ем	тетра́дью	мо́рем	учителя́ми	музе́ями	тетра́дями	моря́ми
前置格	учи́теле	музе́е	тетра́ди	мо́ре	учителя́х	музе́ях	тетра́дях	моря́х

　硬音タイプの変化形複数形の与格，造格，前置格は男女中の別にかかわらず，語尾が同じで -ам, -ами, -ах です。軟音タイプですと，与格，造格，前置格の語尾が -ям, -ями, -ях となります。

発音と読み方③

　語中で有声子音と無声子音が続く場合，前に来る音が後ろの音に影響されて無声化したり有声化したりします。無声子音が先にきて有声子音が後からくる場合は前の無声子音が有声化し，有声子音が前，無声子音が後に来るときは前の有声子音が無声化します。

※лとрの違いをラ行片仮名，ラ行平仮名で示しています。

有声化		無声化	
экза́мен 試験	イグザーミン	за́втрак 朝食	ザーフトぅらく
рюкза́к リュックサック	りゅグザーク	встре́ча	フストぅりぇーチャ
вас зову́т あなたを呼ぶ	ヴァッザヴットゥ	в теа́тр	フチアートゥる
с бана́ном	ズバナーナム	в час	フチャス

　前置詞と次に続く単語を連続して発音させるのでこのような現象が起こります。本文のカタカナ表記では前置詞と次に続く単語にスペースを空けずに書いています。前置詞と次の単語は常に一つの単語のようにリエゾンさせます。

　例外として有声音の в だけは前の音を有声化しません。

例 Москва́ マスクヴァ／с ва́ми スヴァーミ

253

オージら

о́зеро

活用 p.180

名|中 湖

- пруд 男「池」
- боло́то 中「沼」

254

りカー

река́

活用 p.180

名|女 川

- тече́ние 中「流れ」
- кана́л 男「運河, 水路」

255

リツォー

лицо́

活用 p.180

名|中 顔

- лоб 男「額」
- щека́ 女「頬」

256

ガラヴァー

голова́

活用 p.180

名|女 頭

- мозг 男「脳」
- ум 男「知能」

257

グラザー

глаза́

活用 p.180

名|複 目

- глаз 単
- ве́ко 中「目蓋」
- ресни́цы 複「睫毛」

258

ろットゥ

рот

活用 p.180

名|男 口

- гу́бы 複「唇」
- язы́к 男「舌」

259

ウーハ

у́хо

活用 p.180

名|中 耳

- у́ши 複
- нау́шник 男「イヤホン」
- се́рьги 複「ピアス」

37

バイカール　エータ　サーマエ　グルボーカエ　オージら　ヴミーりぇ

Байка́л - э́то са́мое глубо́кое | о́зеро | в ми́ре.

バイカル湖は世界最深の湖です。

▶ са́мое中＜са́мый形「最も」 глубо́кое中＜глубо́кий形「深い」

エータ　りカー　チチョットゥ　チェーりズ　ドゥヴェ　ストゥらヌイ

Э́та | река́ | течёт че́рез 2[две] страны́.

この川は 2 か国をまたがって流れていきます。

▶ течёт＜течь動「流れる」 че́рез前「～を通って」 страны́＜страна́女 076「国」

トゥヴォヨー　リツォー　パホージェ　ナヤーブラカ

Твоё | лицо́ | похо́же на я́блоко.

君の顔はリンゴに似ています。

▶ похо́же短・中＜похо́жий形 472「似ている」 я́блоко中「リンゴ」

ウミニャー　バリットゥ　ガラヴァー

У меня́ боли́т | голова́ |.

私は頭が痛いです。

▶ боли́т＜боле́ть動「痛む」 у＋生「～には」

イヨー　ガルブィーエ　グラザー　アチらヴァーり　ミニャー

Её голубы́е | глаза́ | очарова́ли меня́.

彼女の碧い目が私を魅了しました。

▶ голубы́е形・複「青い」 очарова́ли複＜очарова́ть動「魅了する」

ザクろーイ　ろットゥ

Закро́й | рот |!

うるさい！（直訳：口を閉じろ！）

▶ закро́й命＜закрыва́ть動 480「閉める」

ウミニャー　ザラジィーら　プらーヴァイエ　ウーハ

У меня́ заложи́ло пра́вое | у́хо |.

（気圧で）右の耳が詰まります。

▶ заложи́ло過＜заложи́ть動「塞ぐ」 пра́вое中＜пра́вый形「右の」

| 1回目 | 年 月 日 ／7 | 2回目 | 年 月 日 ／7 | 3回目 | 年 月 日 ／7 | 達成率 **51 %** |

260
ノース

нос

活用 p.180

名|男 鼻

▪ носово́й 形「鼻の」

261
ズブ

зуб

活用 p.180

名|男 歯

▪ ка́риес 男「虫歯」
▪ зубно́й 形・男 врач「歯医者」

262
ゴーるラ

го́рло

活用 p.180

名|中 喉

▪ полоска́ть 動 го́рло「うがいする」

263
ヴォーラスィ

во́лосы

活用 p.180

名|複 髪

▪ парикма́херская 女「美容室」

264
シェーるッツェ

се́рдце

活用 p.180

名|中 心臓

▪ душа́ 女「心」
▪ серде́чный 形「心臓の」

265
スピナー

спина́

活用 p.180

名|女 背中

▪ поясни́ца 女「腰」
▪ объём та́лии 男「ウエストサイズ」

266
るカー

рука́

活用 p.180

名|女 腕

▪ рукопожа́тие 中「握手」
▪ плечо́ 中「肩」

38

ムニェ　ニ　ヌらーヴィッツァ　モイ　バリショーイ　ノース
Мне не нра́вится мой большо́й нос .

私は自分の大きな鼻が嫌いです。

▶ 与 ＋нра́виться A「～が A を好きである」　большо́й 形 283「大きい」

ピェーりトゥスノム　　　ナーダ　　　パチースチチ　ズーブィ
Пе́ред сном на́до почи́стить зу́бы .

寝る前に歯を磨かなくてはなりません。

▶ пе́ред 前 сном「就寝前に」　на́до 408 ＋ 動「～しなければならない」
почи́стить 動「清潔にする」

ウスィーナ　バリーットゥ　ゴーるラ
У сы́на боли́т го́рло .

息子は喉が痛いです。

▶ сы́на＜сын 男 031「息子」　боли́т＜боле́ть 動「痛む」

ウフセフ　イポーナク　ディリーンヌィエ　ヴォーラスィ
У всех япо́нок дли́нные во́лосы .

日本人女性は皆髪が長いです。

▶ всех 生・複 ＜все「皆」　япо́нок 生・複 ＜япо́нка 女「日本人《女性》」
дли́нные 複 ＜дли́нный 形 249「長い」

シェーるッツェ　ビヨーッツァ　シーリナ
Се́рдце бьётся си́льно.

心臓が激しく動悸を打っています。

▶ бьётся＜би́ться 動「打つ」　си́льно 副 457「強く」

ナーダ　　　ヴィプリミチ　スピーヌー
На́до вы́прямить спи́ну .

背中を伸ばさないといけません。

▶ вы́прямить 動「伸ばす」

ヤー ブらッシュー トゥヴァユー るークー イ シェーるッツェ
Я прошу́ твою́ ру́ку и се́рдце .

結婚してください。（君の手と心を求めます）

▶ прошу́＜проси́ть 動 497「頼む」

267 ☐☐☐	ラドーニ **ладо́нь** 活用 p.180	名|女 手のひら ▪ ла́па 女 「動物の手のひら」
268 ☐☐☐	バーリッツ **па́лец** 活用 p.180	名|男 指 ▪ па́льцы 複 ▪ но́гти 複 「爪」 ▪ большо́й 形·男 па́лец「親指」 ▪ безымя́нный 形·男 па́лец「くすり指」
269 ☐☐☐	ナガー **нога́** 活用 p.180	名|女 足 ▪ бедро́ 中 「太もも」
270 ☐☐☐	ジヴォットゥ **живо́т** 活用 p.180	名|男 お腹 ▪ желу́док 男 「胃」 ▪ грудь 女 「胸」
271 ☐☐☐	スタパー **стопа́** 活用 p.180	名|女 足の裏 ▪ па́льцы 男·複 стопы́ 生 「爪先」
272 ☐☐☐	バニマーチ **понима́ть** 活用 p.183	動 理解する ▪ поня́ть 完 ▪ понима́ние 中 「理解 (力)」
273 ☐☐☐	スローヴァ **сло́во** 活用 p.180	名|中 言葉, 単語 ▪ расска́з 男 「物語, 話」

39

ヒらマーントゥ　　プらチタール　マヨー　ブードゥシュイエ　　パらドーニ

Хиромáнт прочитáл моё бýдущее по ладóни.

手相見が私の手のひらで未来を占った。

▶ хиромáнт 男「易者」прочитáл＜прочитáть 完 207「読む」бýдущее 中「未来」

ヤー　シタル　　ナパーリッツァフ

Я считáл на пáльцах.

指で数えました。

▶ считáл＜считáть 動「数える」

りビョーナク　フスタル　ナーナギー

Ребёнок встал нá ноги.

赤ん坊が立ち上がりました。

▶ ребёнок 単 026「赤ん坊」встáл＜встáть 動 477「起きる」
на＋場所 対「～《目的地》へ」

ナマヨーм　ジヴァチェ　スピットゥ コットゥ

На моём животé спит кот.

私のお腹の上で猫が寝ています。

▶ на＋前「～の上」спит＜спать 動 476「眠る」кот 男 190「雄猫」

ナスタピェー　　アブらザヴァーらシ　マゾーり

На стопé образовáлась мозóль.

足の裏にタコができました。

▶ образовáлась＜образовáться 動「形成される」мозóль 男「タコ」

ヤー ニ　パニマーユ　スカジィーチェ　バジャールスタ　イショー らース

Я не понимáю. Скажи́те, пожáлуйста, ещё раз.

わかりません。もう一度言っていただけますか。

▶ Скажи́те, пожáлуйста「教えてください」ещё раз「もう一度」

ヤー ニ　ズナーユ　シュト ズナーチットゥ エータ スローヴァ

Я не знáю, что знáчит э́то слóво.

私はこの単語が何を意味するか知りません。

▶ знáю＜знать 動 204「知っている」знáчит＜знáчить 動「意味する」

| 1回目 | 年 月 日 ／7 | 2回目 | 年 月 日 ／7 | 3回目 | 年 月 日 ／7 | 達成率 **54 %** |

274

ガヴァリーチ

говори́ть

活用 p.183

動 話す

- сказа́ть 完
- разгово́р 男「会話」

275

スカザーチ

сказа́ть

活用 p.183

動 言う

- говори́ть 不完

276

アトゥヴィチャーチ

отвеча́ть

活用 p.183

動 答える

- отве́тить 完
- отве́т 男「答え」

277

スルィシィチ

слы́шать

活用 p.183

動 聞こえる

- услы́шать 完
- го́лос 男「声」
- слух 男「聴覚」

278

ヴィージチ

ви́деть

活用 p.183

動 見える

- уви́деть 完
- смотре́ть 動「(意識して)見る」

279

グリャーチ

гуля́ть

活用 p.183

動 散歩する

- погуля́ть 完
- прогу́лка 女「散歩, 行楽」

280

ザーニャテイイ

за́нятый

形 忙しい

- рабо́та 女「仕事」
- профе́ссия 女「職業」

40

フチらー　ヤー　ガヴァりル　　サーンナイ

Вчера́ я говори́л с А́нной.

昨日，私はアンナと話しました。

▶ вчера́ 副 109「昨日」 c＋造「誰々と」

スカジィーチェ　バジャールスタ　カーク プらイッチー　クスタンツィイ　ヨカガマ

Скажи́те, пожа́луйста, как пройти́ к ста́нции Йокога́ма?

横浜駅へはどう行けばいいか教えてください。

▶ пройти́ 動「通る，通行する」 ста́нции＜ста́нция 女 354「駅」

ブらフェッサる　アトゥヴェーチル　ナフセ　ヴァプろースィ　ストゥジェンタフ

Профе́ссор отве́тил на все вопро́сы студе́нтов.

教授は学生の質問にすべて答えました。

▶ профе́ссор 男「教授」 вопро́сы＜вопро́с 男 203「質問」
студе́нтов 生・複＜студе́нт 男 196「学生」

ティ　ウスルィーシャル　チりーカニエ　プチーッツィ

Ты услы́шал чири́канье пти́цы?

鳥のさえずり聞こえた？

▶ чири́канье 中「さえずり」 пти́цы 生＜пти́ца 女 191「鳥」

カージュダエ　ウートろ ヤー ヴィージュー ヴァスホットゥ　ソーンツァ　イザクナー

Ка́ждое у́тро я ви́жу восхо́д со́лнца из окна́.

毎朝，窓から日の出が見えます。

▶ у́тро 中 112「朝」 восхо́д со́лнца「日の出」 окна́＜окно́ 中 072「窓」

ムィ　リュービム　グリャーチ　パヴィチェーるニェイ　マスクヴェー

Мы лю́бим гуля́ть по вече́рней Москве́.

私たちは夜のモスクワを散歩するのが好きです。

▶ лю́бим＜люби́ть 動 224「愛する」
вече́рней 女＜вече́рняя 女＜вече́рний 形「夜の」

モイ　ムーシュ ザーニャットゥ ならボーチェ

Мой муж за́нят на рабо́те.

私の夫は仕事で忙しい。

▶ муж 男 033「夫」 рабо́те 前＜рабо́та 女「仕事」

---

281 ☐☐☐
スヴァボードヌィイ

свобо́дный

形 自由である, 空いている

- свобо́да 女「自由」

---

282 ☐☐☐
マーリンキイ

ма́ленький

形 小さい

- ма́лый 形「小さい」
- ме́ньше 比「より小さい」

---

283 ☐☐☐
バリショーイ

большо́й

形 大きい

- огро́мный 形「巨大な」

---

284 ☐☐☐
ピシモー

письмо́

活用 p.180

名|中 手紙

- бу́ква 女「文字」
- откры́тка 女「ハガキ」
- конве́рт 男「封筒」

---

285 ☐☐☐
マールカ

ма́рка

活用 p.180

名|女 切手

- штамп 男「スタンプ」
- печа́ть 女「印章」

---

286 ☐☐☐
ピサーチ

писа́ть

活用 p.183

動 書く

- написа́ть 完
- рисова́ть 動「描く」

---

287 ☐☐☐
パスィラーチ

посыла́ть

活用 p.183

動 送る

- посла́ть 完
- отпра́вить 動「送る」
- посы́лка 女「小包」

41

シヴォードゥニャ　ウミニャー　イエスチ　スヴァボードゥナエ　ヴリぇーミャ

Сегóдня у меня́ есть│свобóдное│врéмя.

今日は私は暇です。

▶ сегóдня 副 **107**「今日」 у＋生「持っている」 врéмя 中「時間」

マヤ　　マーリンカヤ　　シストぅらー　リュービットぅ　ヴィナグらートぅ

Моя́│мáленькая│сестрá лю́бит виногрáд.

私の小さな妹はぶどうが好きです。

▶ сестрá 女 **030**「姉妹」 лю́бит＜люби́ть 動 **224**「愛する」 виногрáд 男「ぶどう」

アンドゥりぇーイ　らボータィット　　ウバリショーイ　　　フィーるミエ

Андрéй рабóтает в│большóй│фи́рме.

アンドレイは大企業に勤めています。

▶ рабóтает＜рабóтать 動「働く」 фи́рме 前＜фи́рма 女「会社」

ヤー　パルチーラ　　ディリーンナエ　　ピシモー　　アトゥマーちり

Я получи́ла дли́нное│письмó│от мáтери.

私は母から長い手紙をもらいました。

▶ получи́ла 過・女＜получáть 動 **449**「受け取る」
　дли́нное 中＜дли́нный 形 **249**「長い」 мáтери＜мать 女 **028**「母」

ダーイチェ　　バジャールスタ　　　マーるキ　　ナスト　るブりェーイ

Дáйте, пожáлуйста,│мáрки│на сто рублéй.

切手を 100 ルーブル分ください。

▶ дáйте 完・命＜давáть 動 **288**「与える」 на＋値段 対「いくら分」

ヤー　ピシュー　スタチユー　　フソツィアーリナイ　　シェチー

Я│пишу́│статью́ в социáльной сети́.

私は SNS に記事を書いています。

▶ статью́ 対＜статья́ 女「記事」 сети́ 前＜сеть 女「ネット」

ヤー　パスラル　　クリエントぅー　　エリクトろンナィエ　　ピシモー

Я│послáл│клиéнту электрóнное письмó.

私は顧客に電子メールを送りました。

▶ клиéнту 与＜клиéнт 男「顧客」 электрóнное письмó 中「電子メール」

<table>
<tr><td>1
回目</td><td>年　月　日
／7</td><td>2
回目</td><td>年　月　日
／7</td><td>3
回目</td><td>年　月　日
／7</td><td>達成率
57 %</td></tr>
</table>

288 ☐ ☐ ☐	ダヴァーチ **дава́ть** 活用 p.183	動 与える ■ дать 完
289 ☐ ☐ ☐	ノーヴィイ **но́вый**	形 新しい ■ нови́нка 女「新品」 ■ обнови́ть 動「新しくする」
290 ☐ ☐ ☐	ティリフォーン **телефо́н** 活用 p.180	名 男 電話 ■ смартфо́н 男「スマートフォン」 ■ планше́т 男「タブレット」 ■ моби́льный 形・男 телефо́н「携帯電話」
291 ☐ ☐ ☐	ノーミる **но́мер** 活用 p.180	名 男 番号 ■ но́мер телефо́на 連「電話番号」 ■ почто́вый 形・男 и́ндекс「郵便番号」
292 ☐ ☐ ☐	ズヴァニーチ **звони́ть** 活用 p.183	動 電話をかける ■ позвони́ть 完 ■ телефо́н 男「電話」
293 ☐ ☐ ☐	ジィチ **жить** 活用 p.183	動 住む ■ жильё 中「住居」
294 ☐ ☐ ☐	らジーッツァ **роди́ться** 活用 p.183	動 生まれる ■ день рожде́ния 連「誕生日」

42

ヤー　ダム　　チビェ　クリューチ　サム　アトクロイ　ドゥヴェーリ
Я дам тебе́ ключ. Сам откро́й дверь.

鍵を渡すから，自分で家のドアを開けなさい。

▶ ключ 男 066「鍵」 сам 副「自分で」 откро́й 命 < открыва́ть 動 479「開ける」

ウチビャー　　ノーヴィイ　　スマルトゥフォーン
У тебя́ но́вый смартфо́н?

君のスマートフォンは新しいの？

▶ y+生「～が持っている」 смартфо́н 男「スマートフォン」

ヴバリニッツェ　ニリジャー　イスポーリザヴァチ　　モビーリヌィイ　　ティリフォーン
В больни́це нельзя́ испо́льзовать моби́льный телефо́н.

病院では携帯電話を使ってはいけません。

▶ нельзя́ 409 + 不定「～してはいけない」 испо́льзовать 動「使用する」

カコーイ　　ウチビャ　　ノーミる　　ティリフォーナ
Како́й у тебя́ но́мер телефо́на?

君の電話番号は何番？

▶ како́й 疑「どんな」

ヤー　チャースタ　ズヴァニュー　マーミェ
Я ча́сто звоню́ ма́ме.

私はよくママに電話しています。

▶ ча́сто 副「頻繁に」 ма́ме 与 < ма́ма 女 028「ママ」

ムィ　ジーリ　　フサンクトゥピチルブールギェ　　　ドゥヴァ　ゴーダ
Мы жи́ли в Санкт-Петербу́рге 2[два] го́да.

私たちはサンクトペテルブルグに2年住みました。

▶ 数 + 生「～個」 го́да < год 男 104「年」

モイ　ブらーットゥ　らジールシャ　　シュィストゥナッツァッタヴァ　アーヴグスタ
Мой брат роди́лся 16[шестна́дцатого] а́вгуста.

私の弟は8月16日生まれです。

▶ 日付は「～日に」という副詞的な用法では生格で表現する
　брат 男 029「兄弟」 а́вгуста < а́вгуст 男 097「8月」

295 ☐ ☐ ☐
アードゥリス
а́дрес
活用 p.180

名|男 住所

- у́лица 女「通り」
- проспе́кт 男「大通り」

296 ☐ ☐ ☐
カンピユーチる
компью́тер
活用 p.180

名|男 コンピュータ

- персона́льный 形・男 компью́тер「パソコン」
- но́тбук 男「ノートブック」
- PC [рабо́чий 形・男 стол]「デスクトップパソコン」

297 ☐ ☐ ☐
らボータチ
рабо́тать
活用 p.183

動 働く, 仕事をする

- рабо́та 女「仕事」
- труд 男「労働」

298 ☐ ☐ ☐
スタチ
стать
活用 p.183

動 ～になる〔完〕

- станови́ться 不完

299 ☐ ☐ ☐
アドゥヴァカットゥ
адвока́т
活用 p.180

名|男 弁護士

- юри́ст 男「法律家」

300 ☐ ☐ ☐
ビズネスメーン
бизнесме́н
活用 p.180

名|男 起業家

- компа́ния 男, предприя́тие 中「会社, 企業」

301 ☐ ☐ ☐
ストゥローイチ
стро́ить
活用 p.183

動 建てる

- постро́ить 完
- де́лать 動「つくる」

43

ナピシュィーチェ　　パジャールスタ　　ヴァシュ　アードゥリス　ヴェータイ　　グらフェー

Напиши́те, пожа́луйста, ваш а́дрес в э́той графе́.

この欄にあなたの住所を書いてください。

▶ запиши́те 命 < записа́ть 動「書き込む」 графе́ < граф 男「欄」

バスリェードゥニエエ ヴりぇーミャ ヤー らボータユ　ドーマ　ナスヴァヨーム　　カムピューチりぇ

Последнее вре́мя я рабо́таю до́ма на своём компью́тере.

最近は私は家で自分のパソコンで仕事しています。

▶ после́днее 形・中 вре́мя「最近」 до́ма 副「家で」< дом 男 061

マヤー シストゥらー　　らボータィットゥ　　　ビブリアチェーカりぇム

Моя́ сестра́ рабо́тает библиоте́карем.

私の姉妹は図書館司書として働いています。

▶ библиоте́карем 造 < библиоте́карь 男「司書」

マラジェッツ　ティ　スタル　　ヴらチョーム

Молоде́ц! Ты стал врачо́м!

君は医者になったなんてすごいな。

▶ Молоде́ц!「よくやった！」 стал < стать + 造「～になる」
врачо́м 造 < врач 男 340「医者」

ダヴァーイチェ　パサヴェートゥイムシャ　　スナーシィム　　アドゥヴァカータム

Дава́йте посове́туемся с на́шим адвока́том.

私たちの弁護士に相談しましょう。

▶ посове́туемся 造 < посове́товаться + с 造「～と相談する」

モイ ブらットゥ アトゥクリル スヴァユー カンパーニユー イ スタル ビズネスメーナム

Мой брат откры́л свою́ компа́нию и стал бизнесме́ном.

私の兄弟は自分の会社を起こして起業家となりました。

▶ откры́л 造 < открыва́ть 動 479「開ける」 стал 造 < стать 動 298「～になる」

イヴォー オーフィス バストゥろーヤット　　ナトゥヴィるスコーイ　ウーリッツェ

Его́ о́фис постро́ят на Тверско́й у́лице.

彼のオフィスはトゥヴェルスカヤ通りに建設されることになっています。

▶ о́фис 男「オフィス」 у́лице 前 < у́лица 女 348「通り」

| 1回目 | 年 月 日 ／7 | 2回目 | 年 月 日 ／7 | 3回目 | 年 月 日 ／7 | 達成率 **60 %** |

302

ポーチタ

по́чта

活用 p.180

名|女 郵便局

- почто́вый 形・男 я́щик「郵便ポスト」
- почтальо́н 男「郵便配達員」

303

エセメースカ

смска

名|女 SMS〔IT 用語〕

- социа́льная 形・女 сеть「ソーシャルネットワーク」

304

ムゼーイ

музе́й

活用 p.181

名|男 博物館, 美術館

- галере́я 女「画廊」
- вы́ставка 女「展覧会, 博覧会」

305

ビブリアチェーカ

библиоте́ка

活用 p.181

名|女 図書館

- чте́ние 中「読書」
- чита́льня 女「読書室」

306

パソーリストゥヴァ

посо́льство

活用 p.181

名|中 大使館

- посо́л 男「大使」
- посо́льство Япо́нии 生 в 前 Росси́и 副「駐ロシア日本大使館」

307

プローハ

пло́хо

副 悪く

- зло 中「悪意」

308

ハらショー

хорошо́

副 よく, 上手に

- добро́ 中「善意」

44

ヤー ドールジェン パイッチー ナポーチトゥー パスラーチ ヴェシィ

Я до́лжен пойти́ на по́чту посла́ть ве́щи.

荷物を発送しに郵便局に行かなければなりません。

▶ до́лжен＋動「〜すべき」 пойти́ 動＜ходи́ть 動 **359**「行く」
посла́ть 動＜посыла́ть 動 **287**「送る」

イェスリ プリシュラー エセメースカ アットゥマシェンニカフ ナーダ イグナリーろヴァチ

Е́сли пришла́ смска от моше́нников, на́до игнори́ровать.

詐欺の SMS が来たのなら，無視しなくてはなりません。

▶ пришла́ 過・女＜прийти́ 動 **364**「来る」 игнори́ровать 動「無視する」

ムィ ハジーリ ヴムゼーイ サヴりミェーンヌィフ イスクーストゥフ

Мы ходи́ли в Музе́й Совреме́нных иску́сств.

現代アート美術館に行きました。

▶ ходи́ли 過・複＜ходи́ть 動 **359**「行く」
совреме́нных иску́сств 生・複＜совреме́нное иску́сство 副・中「現代アート」

ビブリアチェーカ マヨー リュビーマエ ミェースタ

Библиоте́ка - моё люби́мое ме́сто.

図書館は私のお気に入りの場所です。

▶ люби́мое 中「好きな」 ме́сто 中「場所」

パーソリストゥヴァ エれーフ ナホージッツァ オーカラ タキイスカイ テリバーシュニ

Посо́льство РФ нахо́дится о́коло Токи́йской телеба́шни.

ロシア連邦大使館は東京タワーの近くにあります。

▶ РФ「Росси́йская Федера́ция（ロシア連邦大使館）の略」
нахо́дится＜находи́ться 動 **405**「ある」 о́коло＋生「〜の側に」

ニェリジャー ガヴァりーチ プローハ アドゥるギーフ

Нельзя́ говори́ть пло́хо о други́х.

他人を悪く言ってはいけません。

▶ нельзя́ **409**＋不定「〜してはいけない」 о＋副「〜について」
други́х 前・複＜друго́й 形「他人の」

ヤー チューストゥヴユ シビャー ハらショー

Я чу́вствую себя́ хорошо́.

私は具合がいいです。

▶ 決まった言い方

---

309 ☐ ☐ ☐

ブリースキイ

бли́зкий

形 近い, 近しい

- недалёкий 形「近い」
- сосе́д 男「隣人」

310 ☐ ☐ ☐

ダリコー

далеко́

副 遠く

- бли́зко 副「近く」
- отдалённый 形「遠隔の」

311 ☐ ☐ ☐

シィろーキイ

широ́кий

形 広い

- ширина́ 女「幅」
- просто́рный 形「広大な」

312 ☐ ☐ ☐

ウースキイ

у́зкий

形 狭い

- те́сный 形「狭い」

313 ☐ ☐ ☐

パプリャーるヌイイ

популя́рный

形 人気の

- популя́рность 女「人気」

314 ☐ ☐ ☐

プらーヴィリヌイイ

пра́вильный

形 正しい

- ве́рный 形「正しい」
- пра́вильность 女「正当」
- справедли́вость 女「公平, 正義」

315 ☐ ☐ ☐

サヴりミェーンヌイイ

совреме́нный

形 現代的な

- настоя́щее 形・中 вре́мя「現在」

アニー　オーチン　ブリスキー　ドゥるーグドゥるーグー

Они́ о́чень близки́ друг дру́гу.

彼らはお互いにとても近しい間柄です。

▶ друг дру́гу「お互いに」

アプチェーカ　ダリコー　アトゥシューダー

Апте́ка далеко́ отсю́да.

薬局はここから遠い。

▶ апте́ка 女「薬局」 отсю́да 副「ここから」

ウーリッツァ　サークら　サーマヤ　シィろーカヤ　ヴゴーらジェ

У́лица Са́кура са́мая широ́кая в го́роде.

桜通りは町で最も広い通りです。

▶ го́роде 前 < го́род 男「町」

パウースカイ　ウーリッツェ　ブらィエーハル　ぐるザヴィーク

По у́зкой у́лице прое́хал грузови́к.

狭い道路をトラックが通りました。

▶ по＋与「〜を通って」 у́лице 与 < у́лица 女「道路」 грузови́к 男「トラック」

テリピリダーチャ　ブらーヴダ　オーチン　ポプリャーるナヤ

Телепереда́ча "Пра́вда" о́чень популя́рная.

テレビ番組『真実』はとても人気があります。

▶ пра́вда 女「真実」 Телепереда́ча 女「テレビ番組」

ブリパダヴァーチリ　ダル　ブらーヴィリヌィイ　アトゥヴェットゥ

Преподава́тель дал пра́вильный отве́т.

講師が正しい答えを出しました。

▶ дал 過 < дава́ть 動 288「与える」 отве́т 男「答え」

ヌージュナ　ブリドゥーマチ　サヴりぇミェーンヌイイ　ミェータットゥ

Ну́жно приду́мать совреме́нный ме́тод.

現代的な方法を考え出さなくてはなりません。

▶ ну́жно 406 ＋ 不定「〜しなくてはならない」 приду́мать 動「考えつく」
ме́тод < ме́тод 男「方法」

| 1回目 | 年 月 日 ／7 | 2回目 | 年 月 日 ／7 | 3回目 | 年 月 日 ／7 | 達成率 62 % |

316

シィスリーヴィイ

счастли́вый

形 幸福な

- сча́стье 中「幸福」
- ра́дость 女「喜び」

317

プリクらースヌィイ

прекра́сный

形 素晴らしい

- замеча́тельный 形「注目すべき」
- удиви́тельный 形「驚くべき」

318

ルーチシェ

лу́чше

比 よりよく〔хоро́ший 形 の比較級〕

- ху́же「より悪く〔плохо́й 形 の比較級〕」

319

ナプらーヴァ

напра́во

副 右に, 右を

- спра́ва 副「右手に (ある), 右から」

320

ナリェーヴァ

нале́во

副 左に, 左を

- сле́ва 副「左手に (ある), 左から」

321

ナヴィるフー

наверху́

副 上に

- наве́рх 副「上へ (行く)」
- све́рху 副「表面に」

322

ヴニズー

внизу́

副 下に

- вниз 副「下へ (行く)」
- сни́зу 副「下から」

ニェフセ　ブらーキ　シィスリーヴィエ
Не все бра́ки счастли́вые.

幸せな結婚ばかりではありません。

▶ брак 男 493「結婚」

ヴらシイー　プリクらースヌィエ　トゥらジーツィイ
В Росси́и прекра́сные тради́ции.

ロシアには素晴らしい伝統があります。

▶ тради́ции 複 <тради́ция 女「伝統」

ルーチシェ　ポーズナ　チェム　ニカグダー
Лу́чше по́здно, чем никогда́.

遅れても，来ないよりはましだ。

▶ ことわざ
по́здно 副「遅く」чем 接「〜より」никогда́ 副「決して」

イジーチェ　ナプらーヴァ　タム　ウニヴェるシチェットゥ
Иди́те напра́во, там университе́т.

右に行ってください。そこに大学があります。

▶ иди́те 完・命 <ходи́ть 動 359「行く」

パスマトゥりーチェ　パジャールスタ　ナリェーヴァ
Посмотри́те, пожа́луйста, нале́во.

左を見てください。

▶ посмотри́те 完・命 <смотре́ть 動 225「見る」

ナヴィるフー　ヴィシャットゥ　スタりンヌィエ　チスィ
Наверху́ вися́т стари́нные часы́.

上部に古い時計がかかっています。

▶ виси́т <висе́ть 動「ぶら下がる」стари́нные 複 <стари́нный 形「古い，昔の」

ヤー ジュドゥー チビャー　ヴニズー
Я жду тебя́ внизу́.

下で君を待っています。

▶ жду <жда́ть 動 443「待つ」тебя́ 対「君を」<ты 002

323 ☐
☐
☐

トーリカ

то́лько

副 〜だけ

▪лишь 副「ただ〜だけ, 〜のみ」

---

324 ☐
☐
☐

なるマーリヌィイ

норма́льный

形 普通の

▪ненорма́льныйы 形「異常な」

---

325 ☐
☐
☐

ぷらストーイ

просто́й

形 易しい

▪про́сто 副「容易く」
▪простота́ 女「容易さ, 単純さ」

---

326 ☐
☐
☐

トゥるードゥヌィイ

тру́дный

形 難しい

▪трудно 副「難しい」
▪тру́дность 女「困難さ」

---

327 ☐
☐
☐

バガーティイ

бога́тый

形 豊富な, 裕福な人

▪бога́тство 中「豊かさ, 財産」

---

328 ☐
☐
☐

ビェードゥヌィイ

бе́дный

形 貧しい, 貧困者

▪бе́дность 女「貧しさ, 貧困」
▪жа́дный 形「貪欲な, けちな」

---

329 ☐
☐
☐

イズヴェースヌィイ

изве́стный

形 有名な

▪знамени́тый 形「有名な, 著名な」

47

ヤー スカジュー　トーリカ　アドノ　ヤー ニ ルグー

Я скажу́ тóлько однó. Я не лгу!

ひとつだけ言う。私は嘘をついてない。

▶ скажу́ < сказа́ть 動 **275**「言う」 лгу < лгать 動「嘘をつく」

モイ　ナチャーリニク　　　ニるマーリヌイイ　　オン　トゥるダゴーリク

Мой нача́льник ненорма́льный. Он трудого́лик.

私の上司は普通ではありません。ワーカホリックです。

▶ нача́льник 男「上司，課長」 трудого́лик 男「ワーカホリック」

エータ　ぷらスターヤ　ザダーチャ　ドゥリャりシェーニヤ

Э́то проста́я зада́ча для реше́ния.

これは解くには易しい課題です。

▶ зада́ча 女「課題」

るースキイ　イズィク　サームイ　トゥるードゥヌイイ　イズィク　ウミーりぇ

Ру́сский язы́к са́мый тру́дный язы́к в ми́ре.

ロシア語は世界で最も難しい言語です。

▶ са́мый 形「最も」 ми́ре 副 < мир 男 **074**「世界」

パプリャーるヌイエ　ぶローげるい　オーチン　バガーティエ

Популя́рные блóгеры óчень бога́тые.

人気ブロガー達は大変裕福です。

▶ популя́рные 複 < популя́рный 形 **313**「人気の」
блóгеры 複 < блóгер 男「(ユーチューバーを含む) ネット発信者」

らズヴィヴァーユーシィイエシャ　ストゥらーヌイ　アブィチナ　ビェードゥヌイ

Развива́ющиеся стра́ны обы́чно бе́дные.

発展途上国は通常は貧困です。

▶ развива́ющиеся 形動・複「発展しつづける」 < развива́ться 動「発展する」

イズヴェースヌイイ　アるチーストゥ　ニアビザーチリナ　タラーントゥリヴィイ

Изве́стный арти́ст необяза́тельно тала́нтливый.

有名アーティストは必ずしも才能があるわけではありません。

▶ арти́ст 男「アーティスト」 тала́нтливый 形「才能ある」

330

ウームヌイイ

ýмный

形 賢い

- интеллиге́нтный 形「知識層の，教養のある」
- спосо́бный 形「才能がある」

331

ヴァージュヌイイ

ва́жный

形 重要な

- значи́тельный 形「重要な，著しい」

332

チアートゥる

теа́тр

活用 p.181

名|男 劇場

- кинотеа́тр 男「映画館」

333

ムノーガ

мно́го

副 多く

- немно́го 副「少し」

334

マーラ

ма́ло

副 少し

- ма́лый 形「小さい」
- ме́ньше 比「より小さい」

335

ぷらハジーチ

проходи́ть

活用 p.183

動 通る，通行する〔運動〕

- пройти́ 完
- зайти́ 動「寄る」
- перейти́ 動「超える，渡る」

336

ぷらチーチ

плати́ть

活用 p.183

動 払う

- заплати́ть 完
- опла́та 女「支払い」
- безнали́чный 形・男 расчёт「キャッシュレス決済」

110

48

オン　オーチン　ウームヌイイ　チラヴェーク

Он о́чень │у́мный│ челове́к.

彼はとても頭のよい人です。

▶ о́чень 副 459「とても」　челове́к 男 037「人」

エータ　オーチン　ヴァージュヌイイ　マミェーントゥ

Э́то о́чень │ва́жный│ моме́нт.

これはとても重要な点です。

▶ моме́нт 男「点，瞬間」

グジェ ズジェーシ イェスチ チアートゥるイ

Где здесь есть │теа́тры│?

この辺のどこに劇場があるのでしょうか。

▶ где здесь「この辺のどこに」

シェるギェーイ　オーチン　ムノーガ　イェストゥ

Серге́й о́чень │мно́го│ ест.

セルゲイはたくさん食べます。

▶ ест < есть 動 159「食べる」

ウナス　　マーラ　　ヴれーミニ　　シュトブィ　　ザニマッツァ

У нас │ма́ло│ вре́мени, что́бы занима́ться.

私達には勉強する時間が少ない（足りない）。

▶ вре́мени 生 < вре́мя 中 116「時間」　занима́ться 動 206「勉強する」

パドゥるーガ　プらシュラー　ミーマ　イ ニ ザミェーチラ ミニャー

Подру́га │прошла́│ ми́мо и не заме́тила меня́.

女友達がそばを通ったのに，私に気づきませんでした。

▶ подру́га 女「女友達」　ми́мо 前「通り過ぎて」
　заме́тила 過・女 < заме́тить 動「気づく」

モージュナ　　ザプラチーチ　　クリジートゥナイ　　カーるタチカイ

Мо́жно │заплати́ть│ креди́тной ка́рточкой?

クレジットカードで払ってもいいですか。

▶ мо́жно 述「できる」
　креди́тной ка́рточкой 造 < креди́тная ка́рточка 女「クレジットカード」

文法復習④ 動詞の活用
спряже́ние глаго́лов

　動詞は人称ごとに活用形が決まっています。そして，活用の型が２つあり，第一（Е）変化動詞，第二（И）変化動詞と呼ばれています。第一（Е）変化動詞の特徴は不定形の語尾が -ать となっています。ほかにも -еть，-ять もあります。第二（И）変化動詞の場合は -ить ですが，例外もあります。たとえば смотре́ть спать などです。

第一（Е）変化動詞の例	第二（И）変化動詞の例
不定形▶ де́лать（する）	говори́ть（話す）
я ｜ де́лаю	говорю́
ты ｜ де́лаешь	говори́шь
он/она ｜ де́лает	говори́т
мы ｜ де́лаем	говори́м
вы ｜ де́лаете	говори́те
они ｜ де́лают	говоря́т
活用語尾中にЕがあるので**Е変化**と呼ぶ	活用語尾中にИがあるので**И変化**と呼ぶ

-овать 動詞	**-ся** 動詞（再帰動詞）
不定形▶ рисова́ть（描く）	занима́ться（勉強する）
я ｜ рису́ю	занима́юсь
ты ｜ рису́ешь	занима́ешься
он/она ｜ рису́ет	занима́ется
мы ｜ рису́ем	занима́емся
вы ｜ рису́ете	занима́етесь
они ｜ рису́ют	занима́ются
-ова- を у に置き換えて活用させる	-ся の前の文字が母音の場合 -ся が -сь と変わる

動詞の過去形

　過去形の作り方は不定形の語尾 ть を取り，主語の性にあわせて л, ла, ло, ли の語尾をつけます。

	отмеча́ть （気をつける，指摘・記念する）	говори́ть （話す）	отпра́виться （出発する）
	第一（Е）変化動詞	第二（И）変化動詞	ся 動詞
он	отмеча́л	говори́л	отпра́вился
она́	отмеча́ла	говори́ла	отпра́вилась
оно́	отмеча́ло	говори́ло	отпра́вилось
они́/мы/вы	отмеча́ли	говори́ли	отпра́вились

主な特殊変化動詞の活用

писа́ть 書く	пишу́	пи́шешь	пи́шет	пи́шем	пи́шете	пи́шут
жить 住む	живу́	живёшь	живёт	живём	живёте	живу́т
сказа́ть 言う	скажу́	ска́жешь	ска́жет	ска́жем	ска́жете	ска́жут
хоте́ть 欲する	хочу́	хо́чешь	хо́чет	хоти́м	хоти́те	хотя́т
пла́кать 泣く	пла́чу	пла́чешь	пла́чет	пла́чем	пла́чете	пла́чут
иска́ть 探す	ищу́	и́щешь	и́щет	и́щем	и́щете	и́щут
мочь ～できる	могу́	мо́жешь	мо́жет	мо́жем	мо́жете	мо́гут
пить 飲む	пью	пьёшь,	пьёт	пьём	пьёте	пьют
спать 眠る	сплю	спи́шь	спит	спим	спи́те	спят
идти́ 行く《徒歩》	иду́	идёшь	идёт	идём	идёте	иду́т
е́хать 行く《乗り物で》	е́ду	е́дешь	е́дет	е́дем	е́дете	е́дут

- -

ロシア人の名前の愛称

　ロシア人の名前にはそれぞれに愛称があります。男性名は男性形, 女性名は女性形ですが, 愛称は語末が全て я, а などの女性語尾になっているため, それが男性なのか女性なのか判断できなくて困りますね。いくつか例をあげてみましょう。

男性名　■ Алекса́ндр ⇒ Са́ша　　■ Михаи́л ⇒ Ми́ша　　■ Юрий ⇒ Юра,
　　　　　　 ■ Иван ⇒ Ва́ня　　　　 ■ Леони́д ⇒ Лёня

女性名　■ Еле́на ⇒ Ле́на　　　　 ■ Екатери́на ⇒ Ка́тя　　■ Ири́на ⇒ Йра
　　　　　　 ■ Людми́ла ⇒ Люда　　 ■ Ната́лья ⇒ Ната́ша

文法復習④ 動詞のいろいろ
глогóлы

　ロシア語の動詞は，現在形，過去形，活用があることは文法復習の4で言及しました。未来形は **быть** の活用を参考にしてください。

　ロシア語学習をする皆さんには欠かせない知識として動詞の体があります。ひとつの動詞に完了体と不完了体があります。不完了体とは事実，繰り返しの動作，過程を示す動詞です。完了体は一回のみの動作，結果，動作の始まり，動作の完了を表します。本書では見出し語を不完了体に，語注で完了体を示しています。

　完了体には現在形がありません。完了体には動作が完了されたということを意味する過去完了体，動作が完了する予定を示す未来完了体があります。

	過去完了形	過去形	現在形	未来形	未来完了形
читáть 不完了体		читáл	читáю	бýду читáть	
прочитáть 完了体	прочитáл				прочитáю

　助動詞 **быть** ＋不完了体で表す未来は未来の行為の予定ですが，完了体で表す未来はその行為が未来に完了する予定を表しています。

例 Зáвтра ýтром я бýду читáть газéту.　明朝私は新聞を読みます。**未来形**

　Зáвтра я **прочитáю** э́тот ромáн. 明日私はこの小説を読み終わります。**未来完了形**

　Вчерá я **читáл** э́тот ромáн.　昨日私はこの小説を読んでいました。**過去形**

　Вчерá я **прочитáл** э́тот ромáн.

　　　　　　　　　　　　　　昨日私はこの小説を読み終わりました。**過去完了形**

動詞の種類

　自動詞と他動詞，再帰動詞などがあります。自動詞は目的語を伴わず，動詞のみで動作を表し，他動詞は目的語を伴っての動作を表します。

　たとえば，похолодáть（寒くなる）と охлади́ть（冷やす）で比較してみましょう。同じ хóлод（寒さ・冷たさ）を語幹に持っている動詞ですが働きが違います。

例 На Хокка́йдо си́льно **похолода́ло**. 北海道はすっかり寒くなった。

Ма́ма охлади́ла сок в **холоди́льнике**. ママが冷蔵庫でジュースを冷やした。

похолода́ть のほうには目的語は必要ありません。ですが，охлади́ть は сок（ジュース）を伴って完全な文章になります。こういう目的語を伴って動作を行う動詞が他動詞です。

　再帰動詞は行為者とその行為を受ける人が同じという動詞です。たとえば，учи́ться – учи́ть кого́-то（教える）という行為を自分にさせる（再帰させる）ということで学ぶ，勉強するという意味になります。

例 В шко́ле я **учи́ла** Андре́я и Мари́ну.

　　　　　　　　　　　　私は学校でアンドレイとマリーナを教えていた。

Андре́й и Мари́на **учи́лись** в шко́ле.

　　　　　　　　　　　　アンドレイとマリーナは学校で学んでいた。

もうひとつ重要な知識として運動の動詞をあげておきます。本文の **239**・**359** ～ **363** に運動の動詞をとりあげていますが，見出し語は不定向動詞です。見出し語語注には定向動詞を記載しておきました。

　定向動詞は一方向に向かっていることを表しており，不定向動詞は往復と定まらない多方向への動きを表します。

　定向動詞の идти́ と不定向動詞の ходи́ть で比べてみましょう。

Я **иду́** в шко́лу. ⇒今，学校に向かっていることを示しています。

Я **ходи́ла** в шко́лу. ⇒学校に行って帰ってきたことを示しています。

　不定向動詞には能力や習慣の意味もあります。Я хожу́ в шко́лу. というのは現在「毎日通っている」という習慣的な意味となります。Ребёнок хо́дит. だと，これは能力のことであり，「赤ちゃんがもう歩ける」ということを意味しています。ほかの運動の動詞も同じように考えてください。運動の動詞には **364**，**365** のように接頭辞を伴うものもありますが，その場合は完了体と不完了体に分けて考えます。

337 □□□
バリニーッツァ

больни́ца

活用 p.181

名|女 病院

- апте́ка 女 「薬局」

338 □□□
ティンピらトゥーら

температу́ра

活用 p.181

名|女 温度

- просту́да 女 「風邪」
- грипп 男 「インフルエンザ」

339 □□□
ミジツィーナ

медици́на

活用 p.181

名|女 医療

- врач 男 「医者」
- лека́рство 中 「薬」

340 □□□
ブらチ

врач

活用 p.181

名|男 医者

- ме́дик 男 「医療関係者」
- до́ктор 男 「ドクター, 医者」

341 □□□
ミドゥシストゥらー

медсестра́

活用 p.181

名|女 看護師

- медбра́т 男 「男性看護師」

342 □□□
バリェーズニ

боле́знь

活用 p.181

名|女 病気

- инфе́кция 女 「感染症」
- коронави́рус 男 「コロナウイルス」

343 □□□
バリノーイ

больно́й

活用 p.181

名|男 病人

- пацие́нт 男 「患者」

49

ガラツカーヤ　　　バリニーッツァ　　プリニマーイットゥ　　ムノーガ　　バリヌィフ

Городска́я boldsymbol больни́ца **принима́ет мно́го больны́х.**

市立病院は患者をたくさん受け入れてます。

▶ городска́я 女 < городско́й 形「市の」 принима́ет < принима́ть 動「受け入れる」 больны́х 生・複 < больно́й 男 343「病人」

ウミニャー　　ティムピらトゥーら　　　　　　トゥりッツァッチ ヴォーシミ　　グらードゥサフ

У меня́ температу́ра **38[три́дцать во́семь] гра́дусов.**

私は 38 度の熱があります。

▶ гра́дусов 生・複 < гра́дус 男「度」

ナーダ　　アブらチッツァ　　　　クミジツィーニエ　ア トトゥヴァヨー サスタヤーニエ ウフードゥシャーエッツァ

На́до обрати́ться к медици́не**, а то твоё состоя́ние ухудша́ется.**

医療に頼るべきだ。じゃないと君の病状は悪くなってるよ。

▶ а то 成「さもなくば」 состоя́ние 中「状態」 ухудша́ется < ухудша́ться 動「悪化する」

ドークトゥる　　イワノーフ　　　ヴィダユーシィシャ　　　ヴらーチ

До́ктор Ивано́в выдаю́щийся врач**.**

イワノフ先生は優れた医者です。

▶ до́ктор 男 340「医者」 выдаю́щийся 形「優れている」

ヤー ヴィーズヴァル　　ミトゥシストゥるー

Я вы́звал медсестру́**.**

看護師を呼びました。

▶ вы́звал 過 < вы́звать 動「呼ぶ」

ウアッツァ　　　ニイズリチーマヤ　　　バリェーズニ

У отца́ неизлечи́мая боле́знь**.**

父は不治の病です。

▶ отца́ < оте́ц 男 027「父」 неизлечи́мая 女 < неизлечи́мый 形「不治の」

ヴェータム　　コーるプシェ　　リジャットゥ　　　バリヌィエ　　リョーフカイ　スチェーピニ

В э́том ко́рпусе лежа́т больны́е **лёгкой сте́пени.**

この棟には軽症患者が入院しています。

▶ ко́рпусе 前 < ко́рпус 男「棟」 лежа́т < лежа́ть 動「横たわる」

344 ☐
☐
☐

ウミらーチ

умира́ть

活用 p.183

動 死ぬ

- умере́ть 完
- смерть 女 「死」
- по́хороны 複 「葬儀」

345 ☐
☐
☐

パジャーる

пожа́р

活用 p.181

名 男 火事

- землетрясе́ние 中 「地震」

346 ☐
☐
☐

アヴァーりャ

ава́рия

活用 p.181

名 女 事故

- инциде́нт 男 「事件」

347 ☐
☐
☐

マシィーナ

маши́на

活用 p.181

名 女 自動車, 車

- автомоби́ль 男 「自動車」
- води́тель 男 「運転手」
- бензи́н 男 「ガソリン」

348 ☐
☐
☐

ウーリッツァ

у́лица

活用 p.181

名 女 通り, 外

- доро́га 女 「道」

349 ☐
☐
☐

アフトーブス

авто́бус

活用 p.181

名 男 バス

- авто́бусная 形・女 остано́вка 「バス停留所」
- туристи́ческий 形・男 авто́бус 「観光バス」

350 ☐
☐
☐

サマリョットゥ

самолёт

活用 p.181

名 男 飛行機

- поса́дка 女 「フライト」
- аэропо́рт 男 「空港」

50

マヤー　マーチ　　ウミるラー　　　ドゥヴァーツァッチ ピャーチ　リェットゥ　タムー　　ナザットゥ

Моя́ мать умерла́ 25[два́дцать пять] лет тому́ наза́д.

私の母は 25 年前に亡くなりました。

▶ мать 女 028「母」 наза́д 副「～前に」

ジモーイ　　アスティリガイチェシ　　　パジャーらフ

Зимо́й остерега́йтесь пожа́ров.

冬は火事に気をつけましょう。

▶ Зимо́й 副「冬には」 остерега́йтесь 命 < остерега́ться 動「用心する」

ヤー　スルチャーイナ　　ウヴィージル　　アヴァーリユー

Я случа́йно уви́дел ава́рию.

偶然事故を目撃しました。

▶ случа́йно 副「偶然」 уви́дел 完・週 < ви́деть 動 278「見える」

ヤー　フストゥりぇーチュ チビャー　　　ナマシィーニェ

Я встре́чу тебя́ на маши́не.

車で君を迎えに行くよ。

▶ встре́чу < встре́тить 動「迎える」

カーク　　モージュナ　　プらイッチー　　ナウーリッツー　　　ギンザ

Как мо́жно пройти́ на у́лицу Ги́ндза?

銀座通りにはどうやって行ったらいいですか。

▶ мо́жно 無人述 059「可能である」 у́лицу 対 на＋対「目的地」

ヤー　イェージュー　ナらボートゥ　　　ナアフトーブシェ

Я е́зжу на рабо́ту на авто́бусе.

私はバスで通勤しています。

▶ на＋対「～に《目的地》」 на＋前「～で《交通手段》」

ムィ　　ダブらリーシ　　　ダマスクヴィ　　　サマリョータム

Мы добрали́сь до Москвы́ самолётом.

私たちはモスクワに飛行機で来ました。

▶ добрали́сь 週・複 < добра́ться 動「たどり着く」

351

カらーブリ

кора́бль

活用 p.181

名|男 船

- парохо́д 男「汽船」
- ло́дка 女「ボート」

352

ポーイストゥ

по́езд

活用 p.181

名|男 電車

- ваго́н 男「車両」
- электри́чка 女「電車」

353

ミトゥロー

метро́

活用 p.181

名|中 地下鉄

- ли́ния 女「路線」
- трамва́й 男「路面電車」

354

スターンツィヤ

ста́нция

活用 p.181

名|女 駅

- платфо́рма 女「駅のホーム」
- переса́дка 女「乗り換え」

355

ビリェットゥ

биле́т

活用 p.181

名|男 切符

- биле́тная 形・女 ка́сса「切符売り場」
- турнике́т 男「改札機」

356

プらスペークトゥ

проспе́кт

活用 p.181

名|男 大通り

- у́лица 女「通り」
- автостра́да 女「高速道路」

357

スヴィタフォーる

светофо́р

活用 p.181

名|男 信号機

- про́бка 女「渋滞」

51

エータットゥ　カラーブリ　ブージットゥ　プラーヴァチ　パリキェー　ヴォールガ
Э́тот кора́бль **бу́дет пла́вать по реке́ Во́лга.**

この船はボルガ川を周遊します。

▶ э́тот 指代「この (141 ページ参照)」 пла́вать 動 239「泳ぐ」 по 5「〜を通って」

スカコーイ　プラットゥフォーるムイ　アトゥプらヴリャイッツァ　ポーイストゥ　ヴィらスラーヴリ
С како́й платфо́рмы отправля́ется по́езд **в Яросла́вль?**

何番線からヤロスラヴリ行きの列車が出るでしょうか。

▶ с како́й 生・疑「どちらからの」 отправля́ется＜отправля́ться 動 366「出発する」

ミトゥろー　ザジェーるジヴァイッツァ
Метро́ **заде́рживается.**

地下鉄が遅れています。

▶ заде́рживается＜заде́рживаться 動「遅延する」

ダヴァイチェ　フストゥりぇーチムシャ　ウスタンツイイ　ウニヴェるシチェットゥ
Дава́йте встре́тимся у ста́нции **"Университе́т".**

"大学" 駅で会いましょう。

▶ Дава́йте, 〜「〜しましょう《勧誘》」 у＋場所 生「〜のそばで」

ダイチェ　パジャールスタ　アジン　ビリェットゥ　ヴァデッスー
Да́йте, пожа́луйста, оди́н биле́т **в Оде́ссу.**

オデッサ行きの切符を 1 枚ください。

▶ да́йте 命＜дава́ть 動 288「与える」 Оде́ссу 対＜Оде́сса 女「オデッサ《都市》」

モイ　ドム　ナホージッツァ　ナプらスピェクチェ　リェーニナ
Мой дом нахо́дится на проспе́кте **Ле́нина.**

私の家はレーニン大通りにあります。

▶ нахо́дится＜находи́ться 動 405「ある」

ナスレードゥーユーシム　スヴィタフォーりぇ　パヴィるニーチェ　ナプらーヴァ
На сле́дующем светофо́ре **поверни́те напра́во.**

次の信号で右に曲がってください。

▶ поверни́те 命＜поверну́ть 動「方向を変える」 напра́во 副 319「右に」

358 ☐☐☐
プリモーイ

прямо́й
活用 p.183

形 真っすぐな

- пря́мо 副

---

359 ☐☐☐
ハジーチ

ходи́ть
活用 p.183

動 行く, 通う, 歩く, 向かう〔運動〕

- идти́ 定向　＊115 ページ参照
- ходи́ть в「～を着ている」

---

360 ☐☐☐
ビェーガチ

бе́гать
活用 p.183

動 走る〔運動〕

- бежа́ть 定向

---

361 ☐☐☐
イェーズジチ

е́здить
活用 p.183

動 (乗って) 行く〔運動〕

- е́хать 定向
- пое́хать 完

---

362 ☐☐☐
ヴァジーチ

води́ть
活用 p.183

動 連れていく〔運動〕

- вести́ 定向

---

363 ☐☐☐
リターチ

лета́ть
活用 p.183

動 飛ぶ〔運動〕

- лете́ть 定向
- полете́ть 完「飛び立つ」

---

364 ☐☐☐
プリハジーチ

приходи́ть
活用 p.184

動 着く, 来る〔運動〕

- прийти́ 完
- уйти́ 動「去る」

52

イジーチェ　プリゃーマ　イ　パトム　ナリェーヴァ

Иди́те пря́мо и пото́м нале́во.

この道をまっすぐ行き，その後左に曲がってください。

▶ иди́те＜идти́ 動「(ある方向に) 歩いて行く」 пото́м 副「それから」
нале́во 副 320「左に」

モイ　スイン　ホージットゥ　ヴジェッツキー　サットゥ

Мой сын хо́дит в де́тский сад.

私の息子は幼稚園に通っています。

▶ сын 男 031「息子」 де́тский сад 形・女「幼稚園」

ストイ　ティ　タ─ク　ブイストゥら　ビジィーシュ

Стой! Ты так бы́стро бежи́шь!

待って！君はずいぶんと早足だな！

▶ стой 生＜стоя́ть 動「立つ」 бы́стро 副「速く」

クダ─　ティ　パイエ─ジシュ　アッディハ─チ　リェ─タム

Куда́ ты пое́дешь отдыха́ть ле́том?

夏はどこにバカンスに行くの？

▶ отдыха́ть 動 148「バカンスする」 ле́том 副「夏に」

フセ　ダろ─ギ　ヴェドゥ─ットゥ　ヴりム

Все доро́ги веду́т в Рим.

すべての道はローマに続いています。

▶ все 代「すべて」 доро́ги＜доро́га 女 242「道」 Рим 男「ローマ」

パスマトゥりーチェ　タム　リチットゥ　カンコ─るトゥ

Посмотри́те! Там лети́т Конко́рд.

見て！　あそこにコンコルドが飛んでます。

▶ посмотри́те 完・命＜смотре́ть 動 225「見る」

ヤ─　ト─ジェ　プりドゥ─　ポ─ッジェ

Я то́же приду́ по́зже.

僕も後で着くよ。

▶ то́же 副「～も同様に」 по́зже 副「後で」

365

プリィジャーチ

приезжа́ть

活用 p.184

動 (乗って) 到着する〔運動〕

- прие́хать 完
- уе́хать 完「(乗って) 去る」

366

アトゥらヴりャッツァ

отправля́ться

活用 p.184

動 出発する

- отпра́виться 完
- пойти́ 動「行く」
- пое́хать 動「(乗って) 行く」

367

スピシィーチ

спеши́ть

活用 p.184

動 急ぐ

- поспеши́ть 完

368

プりヴァジーチ

привози́ть

活用 p.184

動 (乗って) 持って行く〔運動〕

- привезти́ 完
- принести́ 完「持ってくる (乗り物関係なく)」

369

トゥアリェットゥ

туале́т

活用 p.181

名|男 トイレ

- душ 男「シャワー」
- ва́нна 女「風呂」

370

クリーチ

кури́ть

活用 p.184

動 タバコを吸う

- куре́ние 中「喫煙」

371

シガりぇータ

сигаре́та

活用 p.181

名|女 タバコ

- кури́ть 370
- таба́к 男「煙草」

53

ザーフトゥら　プりィエージットゥ　モイ　ドゥるーク
За́втра [прие́дет] мой друг.

明日私の友人が到着します。

▶ за́втра 副「明日」 друг 男 039「男友達」

タチヤーナ　アットゥらヴリャーイッツァ　ヴビェーリギユー　ザーフトゥら
Татья́на [отправля́ется] в Бе́льгию за́втра.

タチヤーナは明日ベルギーに行きます。

▶ Бе́льгию 対 < Бе́льгия 女「ベルギー」

ユーリャ　イ　イヴァン　スピシャットゥ　ナアトゥクるいチエ　ヴィスタフキ
Ю́ля и Ива́н [спеша́т] на откры́тие вы́ставки.

ユーリャとイヴァンは展覧会のオープニングに間に合うよう急いでいます。

▶ откры́тие 対 中「オープニング」 вы́ставки 生 < вы́ставка 女「展覧会」

イヴァン　プりヴィジョーットゥ　マーミェ　ツヴィティ　ナジェニ　らジュジェーニヤ
Ива́н [привезёт] ма́ме цветы́ на день рожде́ния.

イワンは母の誕生日に花を持ってきます。

▶ ма́ме 与 < ма́ма 女 028「お母さん」 день рожде́ния 生 男「誕生日」

スカジーチェ　パジャールスタ　グジェ　スジェーシ　トゥアリェット
Скажи́те, пожа́луйста, где здесь [туале́т]?

すみません，この近くでお手洗いはありますか。

▶ Скажи́те, пожа́луйста.「教えてください。」
　где здесь「この辺のどこに？」

ヤ　ニ　クりゅー　ダヴノー　ブローシル
Я не [курю́]. Давно́ бро́сил.

私は煙草を吸いません。だいぶ前にやめました。

▶ давно́ 副「ずっと以前に」 бро́сил 過・男 < бро́сить 動「捨てる，やめる」

シガりぇーティ　モーグットゥ　ナブりジーチ　トゥヴァイムー　ズダローヴィユ
[Сигаре́ты] мо́гут навреди́ть твоему́ здоро́вью.

タバコは君の健康に害になるよ。

▶ навреди́ть + 与「～を害する」 здоро́вью 与 < здоро́вье 中「健康」

372

モーダ

мо́да

活用 p.181

名|女 流行

- моде́ль 女「ファッションモデル」
- пока́з мо́ды 里「ファッションショー」

373

プラーチエ

пла́тье

活用 p.181

名|中 ドレス, ワンピース

374

アジェージュダ

оде́жда

活用 p.181

名|女 衣服

- наде́ть 動「着る」
- одева́ться 動 В 前「〜を着る」

375

るバーシュカ

руба́шка

活用 p.181

名|女 シャツ

- блу́зка 女「ブラウス」
- ко́фта 女「(女性用)上着」
- футбо́лка 女「Tシャツ」

376

カスチューム

костю́м

活用 p.181

名|男 スーツ, 衣装

- смо́кинг 男「タキシード」

377

パリトー

пальто́

活用 p.181

名|中 コート

- пухови́к 男「ダウンジャケット」

378

ピジャーク

пиджа́к

名|男 ジャケット

- дже́мпер 男「ジャンパー」

54

ヴェータム　ガドゥー　ストゥらーンナヤ　　モーダ

В э́том году́ стра́нная мо́да.

今年の流行は変わっています。

▶ стра́нная 女 < стра́нный 形 「変わっている」

エータ　クらースナエ　　プラーチエ　　チビェ イジョットゥ

Это кра́сное пла́тье тебе́ идёт.

この赤いドレスは君に似合っています。

▶ кра́сное 中 < кра́сный 形 「赤い」 与＋идёт 主・与 「～に似合う」

マヨー　ホービー　　　パクパーチ　　アジェージュドゥー

Моё хо́бби - покупа́ть оде́жду.

衣服を買うのが私の趣味です。

▶ хо́бби 中 「趣味」 покупа́ть 動 392 「買う」

エータ　るバーシュカ　　オーチン　　くらスィーヴァヤ

Эта руба́шка о́чень краси́вая.

このシャツはとても綺麗です。

▶ э́та 女 < э́тот 指代 「この (141 ページ参照)」 о́чень 副 459 「とても」
краси́вая 女 < краси́вый 形 393 「きれいだ」

ヤー クピール　ノーヴィイ　　カスチューム

Я купи́л но́вый костю́м.

私は新しいスーツを買いました。

▶ купи́л 完・過 < покупа́ть 動 392 「買う」 но́вый 形 「新しい」

アトゥニシーチェ　　パジャールスタ　　スヴァヨー　パリトー　　　ウガるジろーブ

Отнеси́те, пожа́луйста, своё пальто́ в гардеро́б.

ご自分のコートをクロークに持っていってください。

▶ отнеси́те 命 < отнести́ 動 「持ち去る」 гардеро́б 男 「衣装ダンス，クローク」

パジャールスタ　　　ニ　　ザブッチェ　　　ピジャーク

Пожа́луйста, не забу́дьте пиджа́к.

上着を忘れないでください。

▶ забу́дьте 命 < забыва́ть 動 432 「忘れる」

---

379 ☐
☐
☐

プリューキ

брю́ки

活用 p.181

名|複 ズボン

- шо́рты 複 「半ズボン」
- джи́нсы 複 「ジーンズ」

380 ☐
☐
☐

ユープカ

ю́бка

活用 p.181

名|女 スカート

- штаны́ 複 「ズボン」

381 ☐
☐
☐

カロートゥキイ

коро́ткий

形 短い

- коро́ткая 女
- сли́шком 副 「あまりに」

382 ☐
☐
☐

オーブフィ

о́бувь

活用 p.181

名|女 靴

- ту́фли 複 「短靴」
- сапоги́ 複 「ブーツ」

383 ☐
☐
☐

ガールストゥク

га́лстук

活用 p.181

名|男 ネクタイ

- плато́к 男 「スカーフ」

384 ☐
☐
☐

シャープカ

ша́пка

活用 p.181

名|女 帽子

- шля́па 女 「つばのある帽子」
- ке́пка 女 「野球帽」
- бере́т 男 「ベレー帽」

385 ☐
☐
☐

アチキー

очки́

活用 p.181

名|複 メガネ

- очки́ 複 от 前 со́лнца 生 「サングラス」
- конта́ктные 形・複 ли́нзы 「コンタクトレンズ」

55

カコーイ　ウヴァス　らズミェール　ブりゅーク
Како́й у вас разме́р ｜брюк｜?

ズボンのサイズはなんですか。

▶ разме́р 男「サイズ」

エータ　ザラターヤ　ユーブカ　オーチン　ハろーシャヤ
Э́та золота́я ｜ю́бка｜ о́чень хоро́шая.

この金色のスカートはとてもよいものです。

▶ золота́я 女＜золото́й 形「金色の」　хоро́шая 女＜хоро́ший 形「よい」

ナジェーニチェ　エートゥ　カろートゥクユー　ユーブクー
Наде́ньте э́ту ｜коро́ткую｜ ю́бку.

このミニスカートを履いてください。

▶ наде́ньте＜наде́ть 動 374「着る，履く」　ю́бку 対＜ю́ббка 女 380「スカート」

ヤー　ハチュー　アブナヴィーチ　スヴァユー　リェートゥニュю　オーブフィ
Я хочу́ обнови́ть свою́ ле́тнюю ｜о́бувь｜.

私は夏靴を新調したい。

▶ обнови́ть 動「新しくする」　ле́тнюю 対・女＜ле́тний 形「夏の」

チビェ　ボーリシェ　イジョットゥ　シーニー　ガルストゥク　チェм　クらースヌイイ
Тебе́ бо́льше идёт си́ний ｜га́лстук｜, чем кра́сный.

君には赤いネクタイより青いほうが似合います。

▶ 与＋идёт 動「〜に似合う」　чем 前「〜よりも」

イーガり　フシグダー　ホージットゥ　フシャープケ
И́горь всегда́ хо́дит в ｜ша́пке｜.

イーゴリはいつも帽子を被っています。

▶ И́горь 男「イーゴリ」　ходи́ть в 359「〜を着ている」

ビザチコーフ　ヤー　ニ　マグー　チターチ　クニーギ
Без ｜очко́в｜ я не могу́ чита́ть кни́ги.

メガネがないと私は本を読めません。

▶ без＋ 生「〜なしの」　могу́＜мочь 助動「〜できる」

386

ぴるチャートゥキ

перча́тки

活用 p.181

名|複 手袋

- шарф 男「マフラー」
- ва́режка 女「ミトン」

387

チスィ

часы́

活用 p.181

名|複 時計

- нару́чные 形・複 часы́「腕時計」
- сте́нные 形・複 часы́「壁時計, 柱時計」

388

スームカ

су́мка

活用 p.181

名|女 鞄

- чемода́н 男「スーツケース」
- да́мская 形・女 су́мка「ハンドバック」
- рюкза́к 男「リュックサック」

389

ゾントゥ

зонт

活用 p.182

名|男 傘

- скла́дный 形・男 зонт「折り畳み傘」
- зонт от 前 со́лнца 生「日傘」

390

マガジーン

магази́н

活用 p.182

名|男 店

- универма́г 男「百貨店」
- торго́вый 形・男 центр「ショッピングセンター」
- ка́сса 女「レジ」

391

カ ろ ー プ カ

коро́бка

活用 p.182

名|女 箱

- я́щик 男「箱, ケース」

392

パクパーチ

покупа́ть

活用 p.184

動 買う

- купи́ть 完
- тра́тить 動「～にお金を使う」

エーチ　ピるチャートゥキ　オーチン　チョープルィエ

Э́ти перча́тки о́чень тёплые.

この手袋はとても暖かい。

▶ тёплые 複 < тёплый 形「暖かい」< тепло́ 副 139

チェ　チスィ　ピりダユットゥ　イスパカリェーニヤ　フパカリェーニエ　ヴィヴォ　シミィエー

Те часы́ передаю́т из поколе́ния в поколе́ние в его́ семье́.

あの時計は彼の家で代々受け継がれています。

▶ передаю́ть < передава́ть 動「伝える」из поколе́ния в поколе́ние 成「代々」

フシュカフー　ムノーガ　スーマク　イ アジェージュディ

В шкафу́ мно́го су́мок 生・複 и оде́жды.

クローゼットにはたくさんのカバンと衣服があります。

▶ в шкафу́ 男・特殊前「クローゼットに」оде́жды 生・集 < одежда 女 374「衣服」

ニ　ザブッチ　パジャールスタ　ゾーントゥ

Не забу́дь, пожа́луйста, зонт 対.

傘を忘れないでください。

▶ забу́дь 命 < забыва́ть 動 432「忘れる」

ヴェータム　らイオーニェ　ムノーガ　ブキニスチーチスキフ　マガジーナフ

В э́том райо́не мно́го букинисти́ческих магази́нов 生・複.

この地域にはたくさんの古本屋があります。

▶ много + 生・複「～がたくさん」
букинисти́ческих 生・複 < букинисти́ческий 形「古本売買の」

モージュナ　ビスプラートゥナ　ヴジャチ　カるトーンヌユー　カろープクー

Мо́жно беспла́тно взять карто́нную коро́бку 対.

段ボール箱を無料でもらえます。

▶ беспла́тно 副 402「無料」карто́нную < карто́нный 形「厚紙の, ボール紙の」

ヤー ハチュー　クピーチ　プランシェット

Я хочу́ купи́ть 完 планше́т.

私はタブレットを買いたい。

▶ планше́т 男「タブレット端末」

1回目	年　月　日	2回目	年　月　日	3回目	年　月　日	達成率
	／7		／7		／7	78 %

393 ☐ ☐ ☐	クらシーヴィイ **краси́вый**	形 美しい, きれいだ ■ красота́ 女「美しさ」 ■ краса́вица 女「美女」
394 ☐ ☐ ☐	プらダヴァーチ **продава́ть** 活用 p.184	動 売る ■ прода́ть 完 ■ прода́жа 女「販売」
395 ☐ ☐ ☐	ジェーニギ **де́ньги** 活用 p.182	名 複 金 ■ нали́чные 形・複 де́ньги「現金」 ■ электро́нные 形・複 де́ньги「電子マネー」
396 ☐ ☐ ☐	バンクノータ **банкно́та** 活用 p.182	名 女 札 ■ моне́ты 複「硬貨」 ■ ме́лочи 複「小銭」
397 ☐ ☐ ☐	るーブリ **рубль** 活用 p.182	名 男 ルーブル ■ е́вро 中「ユーロ」 ■ йе́на 女「円」
398 ☐ ☐ ☐	パクープカ **поку́пка** 活用 p.182	名 女 買い物 ■ расхо́д 男「出費」 ■ цена́ 女「値段」
399 ☐ ☐ ☐	ストーイチ **сто́ить** 活用 p.184	動 (値段が) 〜する ■ ско́лько 疑「いくら」

57

カカーヤ　　クらシーヴァヤ　　ジェーンシィナ
Кака́я красивая же́нщина!

なんて美しい女性でしょう。

▶ Кака́я 女 ～！「なんて～だろう！《感嘆文》」

グジェ　　ぷらダユート　　ぷらドゥークティ
Где продаю́т проду́кты?

食料品はどこに売っていますか。

▶ где 疑「どこで」 проду́кты 対・複 ＜ проду́кт 男「食料品」

ウミニャー　ニェットゥ ジェーニク　**モージュナ**　アダルジーチ　　ジェーシチ　るブリェーイ
У меня́ нет де́нег, мо́жно одолжи́ть 10[де́сять] рубле́й?

お金を持っていません。10 ルーブル借りていいですか。

▶ нет＋生「～がない」 мо́жно 助「可能である」

ナバンクノーチェ　フティーシチュー イエーン イザぶらジョーン　　ノグチ　　ヒデヨ
На банкно́те в ты́сячу иен изображён Ногути Хидэё.

千円札には野口英世が描写されています。

▶ изображён 形動・短・男 ＜ изобрази́ть 動「描写する」

るーブリ　　エータ　　カンヴィるチーるイマヤ　　　ヴァリュータ
Рубль это конверти́руемая валю́та.

ルーブルは両替可能通貨です。

▶ конверти́руемая 女 ＜ конверти́руемый 形「交換性がある」 валю́та 中「通貨」

ヤー　バイドゥー　　　ザパクープカミ　　　　フタるゴーヴィイ　　ツェントる
Я пойду́ за поку́пками в торго́вый центр.

私はショッピングセンターに買い物に行きます。

▶ за＋造「～のために《目的・理由》」 в＋対「～に《目的地》」

スコーリカ　ストーヤットゥ エーチ　カらーッラヴィエ　　ブースィ
Ско́лько сто́ят э́ти кора́лловые бу́сы?

このサンゴのネックレスはいくらですか。

▶ кора́лловые 複 ＜ кора́лловый 形「サンゴの」 бу́сы 名・複「ビーズ飾り」

| 1回目 | 年 月 日 ／7 | 2回目 | 年 月 日 ／7 | 3回目 | 年 月 日 ／7 | 達成率 **79 %** |

133

400

ダらゴーイ

дорого́й

形 （値段が）高い，尊い

- це́нный 形「価値が高い」
- люби́мый 形「親愛な」

401

ジショーヴィイ

дешёвый

形 安い

- распрода́жа 女「セール」
- эконо́мия 女「節約」

402

ビスプラートゥヌィイ

беспла́тный

形 無料の

- пла́тный 形「有料の」

403

プローバヴァチ

про́бовать

活用 p.184

動 試す

- попро́бовать 完
- дегуста́ция 女「味見」

404

ヴィビらーチ

выбира́ть

活用 p.184

動 選ぶ

- вы́брать 完
- вы́бор 男「選択，《вы́боры 複 の場合》選挙」

405

ナハジーッツァ

находи́ться

活用 p.184

動 ある

- быть 動「ある」

406

ヌージュナ

ну́жно

無人述 必要である

- на́до 述
- 与 + ну́жно + 不定「〜する必要がある」

58

ナエータイ　ウーリッツェ　ムノーガ　だらギーフ　マガジーナフ

На э́той у́лице мно́го дорогих магази́нов.

この通りには高級店が多い。

▶ на＋前「〜で《場所》」 мно́го＋生・複「〜がたくさん」
магази́нов 生・複＜магази́н 男 390「店」

ヴェータム　マガジーニェ　ぷらドゥークティ　オーチン　ジショーヴィエ

В э́том магази́не проду́кты о́чень дешёвые.

この店では食料品がとても安い。

▶ проду́кты 複＜проду́кт 男「食料品」

モージュナ　ジグスチーらヴァチ　スラーダスチ　ビスプラートゥナ

Мо́жно дегусти́ровать сла́дости беспла́тно?

無料で味見できますか。

▶ дегусти́ровать 動「味見する」

ヤー　パプろーバヴァル　エーチ　スラーダスチ

Я попро́бовал э́ти сла́дости.

このスイーツは試食しました。

▶ сла́дости 名・複 176「甘いもの」

カクーユ　チトゥらーチ　ティ　ヴィーブらル

Каку́ю тетра́дь ты вы́брал?

どんなノートを選んだの？

▶ тетра́дь 対 女 215「ノート」

ヴヌトゥーり　らクーシュキ　ナホージッツァ　ジィムチュージィナ

Внутри́ раку́шки нахо́дится жемчу́жина.

貝殻の中に真珠の粒が入っています。

▶ внутри́＋生「〜の中に」 жемчу́жина 女「真珠粒」

ナム　ヌージュナ　パガヴァリーチ　シュトブィ　ダーリシェ　ジィチ　ヴミェスチェ

Нам ну́жно поговори́ть, что́бы да́льше жить вме́сте.

これからも一緒に暮らすために僕たちは話し合わなくてはならない。

▶ поговори́ть 動「話し合う」 да́льше 副「もっと，先を」

407 □ □ □

モチ

мочь

活用 p.184

助動 できる

- мочь + 不定「～できる」
- уметь 助動「～する能力がある」
- мочь 女「能力, 権力」

408 □ □ □

ナーダ

на́до

無人述 しなければならない

- ну́жно 述「必要である」

409 □ □ □

ニリジャー

нельзя́

副 してはいけない,
不可能である

410 □ □ □

ウスピヴァーチ

успева́ть

活用 p.184

動 間に合う, ～に成功する

- успе́ть 完
- успе́х 男「成功」
- успе́ть + 不定「～に成功する」

411 □ □ □

ヴァズモージュヌィイ

возмо́жный

形 可能性のある

- невозмо́жный 形「不可能な」

412 □ □ □

ガロードゥヌィイ

голо́дный

形 空腹である

- го́лод 男「飢餓」
- аппети́т 男「食欲」

413 □ □ □

グりゃーズヌィイ

гря́зный

形 汚い

- грязь 女「汚れ」
- испа́чкать 動「汚す」
- пятно́ 中「シミ」

59

クサジィリェーニュー　ヤ　ニ　マグー　チターチ　エーチ　ピーシマ

К сожале́нию, я не | могу́ | **чита́ть э́ти пи́сьма.**

残念ながら私はこれらの手紙を読むことはできません。

▶ к сожале́нию 成「残念なことに」 пи́сьма 複 < письмо́ 中「手紙」

チビェー　ナーダ　ズジェーラチ　ダマーシュニエ　ザダーニエ

Тебе́ | на́до | **сде́лать дома́шнее зада́ние.**

君は宿題をしなくていけません。

▶ дома́шнее 形・中 зада́ние「宿題」

ニリジャー　アトゥクるいヴァチ　エータ　アクノー

| Нельзя́ | **открыва́ть э́то окно́.**

この窓は開けてはいけません。

▶ 不定詞不完了体とともに使うと禁止の意味，完了体なら不可能の意味

ヤー　ウスピェーラ　クピーチ　ドゥヴァ　ビリェータ　ナカンツェーるトゥ

Я | успе́ла | **купи́ть 2[два] биле́та на конце́рт.**

私はコンサートチケットを2枚入手することができました。

▶ купи́ть 完 392「買う」 биле́та < биле́т 男「チケット」 конце́рт 男「コンサート」

フチラヴェーチスカム　ミーりぇ　フショー　ヴァズモージュナ

В челове́ческом ми́ре всё | возмо́жно |.

人間界にはどんなことでもあり得る。

▶ ми́ре 前 < мир 男 074「世界」 в + 前「～で《場所》」 всё 主「すべては」

シヴォードゥニャ　ヤー　ニ　アビェーダル　パエータムー　ヤー　オーチン　ガロードゥヌイイ

Сего́дня я не обе́дал, поэ́тому я о́чень | голо́дный |.

今日は私は昼食をとらなかったので，とても空腹です。

▶ обе́дал 過 < обе́дать 動 162「昼食」 поэ́тому 副「だから」

グりゃーズヌィエ　トゥーフリ　エータ　サーマエ　ぷらチーヴナエ

| Гря́зные | **ту́фли э́то са́мое проти́вное.**

汚い靴は一番嫌なものです。

▶ ту́фли 女 382「短靴」 проти́вное：中性形で「～のもの」という名詞の役割

414

チースティイ

чи́стый

形 清潔な

- уда́чно 副
- чи́стить 動「きれいにする」
- убира́ть 動「片づける」

415

スヴェートゥルィイ

све́тлый

形 明るい

- я́сный 形「明らかな」
- весёлый 形「(性格が)明るい, 楽しい」

416

チョームヌィイ

тёмный

形 暗い

- темно́ 副「暗く」
- стемне́ть 動「暗くなる」

417

ウダーチヌィイ

уда́чный

形 成功した

- успе́ть 動「成功する」
- судьба́ 女「運」

418

ヴェーりチ

ве́рить

活用 p.184

動 信じる

- ве́ра 女「信仰」

419

ツェーるカフィ

це́рковь

活用 p.182

名 女 教会

- рели́гия 女「宗教」
- христиа́нство 中「キリスト教」
- будди́зм 男「仏教」

420

ザーマク

за́мок

活用 p.182

名 男 城

- дворе́ц 男「宮殿」
- кре́мль 男「城塞」

60

ダーイチェ　　パジェールスタ　　　チーストゥユー　　プらスティニュー

Да́йте, пожа́луйста, чи́стую простыню́.

清潔なシーツをください。

▶ да́йте命＜дава́ть動288「与える」　простыню́対＜простыня́女「シーツ」

イェイ　オーチン　イジョットゥ　スヴェートゥルゥイイ ツヴェットゥ

Ей о́чень идёт све́тлый цвет.

彼女は明るい色がとても似合います。

▶ 与＋идёт「似合う」　цвет男「色」

イェースリ ニェーバ　　チョームナエ　　　ブージット　リーヴィニ

Е́сли не́бо тёмное, бу́дет ли́вень.

空が暗い時は，豪雨になります。

▶ не́бо中131「空」　бу́дет未＜быть動110「いる」　ли́вень男「豪雨」

フショー　ウダーチナ　　　パルチーラシ

Всё уда́чно получи́лось.

すべてがうまくいきました。

▶ получи́лось過・中＜получи́ться動「うまくいく」

プらウダ　　ヤー ニ ヴェーリュ

Пра́вда? Я не ве́рю.

本当に？　信じられないです。

▶ правда副「本当に《挿入語》」

プらヴァスラーヴナヤ　　　　ツェールカフィ　　　ナホージッツァ　　フトーキオ

Правосла́вная це́рковь нахо́дится в То́кио.

ロシア正教の教会は東京にあります。

▶ правосла́вная形「正教会の」　нахо́дится＜находи́ться動405「ある」

ザーマク　　エーダ　スガりェール　ヴァヴりぇーミャ　パジャーら

За́мок Эдо сгоре́л во вре́мя пожа́ра.

江戸城は火事で焼けました。

▶ сгоре́л過＜сгоре́ть動「焼ける」　во вре́мя＋生「〜の時に」
　пожа́ра生＜пожа́р男「火事」

文法復習⑤ 形容詞の変化
склонéние имён прилагáтельных

　形容詞は修飾する語の性や数に一致させなくてはなりません。つまり，語尾は男性，女性，中性，複数に変化します。また，形容詞は硬変化と軟変化に大きく種別されます。硬変化は -ый (-ой), -ая, -ое, -ые という硬母音が語中にある語尾，軟変化は -ий, -яя, -ее, -ие という軟母音の語尾をとります。

	硬変化	軟変化
男性形	свобóдный（自由な）	послéдний（最新の，最後の）
女性形	свобóдная	послéдняя
中性形	свобóдное	послéднее
複数形	свобóдные	послéдние

	г, к, х 語幹の形容詞▶混合変化	ж, ч, ш, щ 語幹の形容詞
男性形	рýсский（ロシアの）	хорóший（よい）
女性形	рýсская	хорóшая
中性形	рýсское	хорóшее
複数形	рýсские	хорóшие
	正書法により к の後では ы は и となるので -кий となった硬変化の一種	正書法により ш の後では я は а となるので -шая となった軟変化の一種

綴りの規則

ロシア語には正書法という発音の特性から来る綴りの規則があります。г, к, х, ж, ч, ш, щ のあとに ы, ю, я を書かず，代わりに ы は и, ю は у, я は а と書きます。

指示代名詞（指示形容詞とも）

基本的な指示代名詞には，этот「この」，тот「その」「あの」があります。これは男性形なので，修飾する名詞の性・数に合わせて変化します。また，格変化もします。

	男性形	女性形	中性形	複数形
この	этот	эта	это	эти
その，あの	тот	та	то	те

例 **Э́тот** спекта́кль интере́сный.　この芝居は面白い。

　Та ночь никогда́ не вернётся.　あの夜はもう二度と戻らない。

　Те часы́ о́чень дороги́е.　あの時計はひどく髙い。（時計**часы́** は複数形）

下記のとおり格変化します。

主	э́тот	э́та	э́то	э́ти	тот	та	то	те
生	э́того	э́той	э́того	э́тих	того́	той	того́	тех
与	э́тому	э́той	э́тому	э́тим	тому́	той	тому́	тем
対	э́того/э́тот	э́ту	э́то	э́тих/э́ти	того́/тот	ту	то	тех/те
造	э́тим	э́той	э́тим	э́тими	тем	той	тем	те́ми
前置	э́том	э́той	э́том	э́тих	том	той	том	тех

発音と読み方④

特定の子音が続くと発音が変わることがあります。

сш, зш	ш を長く発音	сши́ть, без ша́пки 縫い合わす，帽子なしで
сж, зж	ж を長く発音	с жено́й, сжать 妻と共に，握る
сч, зч, жч	щ	сча́стье, изво́зчик, мужчи́на 幸福，御者，男
тс, дс	ц	у́чится, городско́й 勉強する，都市の
стн	сн	изве́стный 有名な
здн	зн	по́здно 遅く

мой 私の〜, твой 君の〜, его 彼の〜など, それぞれの所有を（所有する人）を表します。指示代名詞と同様に名詞の性・数により形が変化します。しかし, его её их（彼の, 彼女の, 彼らの）は変化がありません。本文の 008 〜 023 に例文を記してありますので参照してください。

所有代名詞は形容詞と同じように, 名詞の格に合わせて格変化もします。活用は下記のとおりです。его её их に関しては活用しないので割愛します。

	男性形	女性形	中性形	複数形
主	мой	моя́	моё	мои́
生	моего́	мое́й	моего	мои́х
与	моему́	мое́й	моему	мои́м
対	моего́/мой	мою́	моё	мои́х/мои́
造	мои́м	мое́й	мои́м	мои́ми
前置	моём	мое́й	моём	мои́х

	男性形	女性形	中性形	複数形
主	твой	твоя́	твоё	твои́
生	твоего́	твое́й	твоего́	твои́х
与	твоему́	твое́й	твоему́	твои́м
対	твоего́/твой	твою́	твоё	твои́х/твои́
造	твои́м	твое́й	твои́м	твои́ми
前置	твоём	твое́й	твоём	твои́х

	男性形	女性形	中性形	複数形
主	наш	на́ша	на́ше	на́ши
生	на́шего	на́шей	на́шего	на́ших
与	на́шему	на́шей	на́шему	на́шим
対	на́шего/наш	на́шу	на́ше	на́ших/на́ши
造	на́шим	на́шей	на́шим	на́шими
前置	на́шем	на́шей	на́шем	на́ших

主	ваш	ва́ша	ва́ше	ва́ши
生	ва́шего	ва́шей	ва́шего	ва́ших
与	ва́шему	ва́шей	ва́шему	ва́шим
対	ва́шего/ваш	ва́шу	ва́ше	ва́ших/ва́ши
造	ва́шим	ва́шей	ва́шим	ва́шими
前置	ва́шем	ва́шей	ва́шем	ва́ших

誰の所有かを尋ねる疑問詞があります。それぞれの性と数に対応しています。また格変化もします。

	男性形	女性形	中性形	複数形
主	чей	чья	чьё	чьи́
生	чьего́	чьей	чьего́	чьи́х
与	чьему́	чьей	чьему́	чьи́м
対	чьего́/чей	чью	чьё	чьи́х/чьи́
造	чьи́м	чьей	чьи́м	чьи́ми
前置	чьём	чьей	чьём	чьи́х

例 **Чья** э́то ма́ма? —Э́то моя́ ма́ма.　この人は誰のママなの？—僕のだよ。

У **чьего́** бра́та ты был?—У на́шего бра́та.

誰の兄弟のところに行ってきたの？—私たちの兄弟のところだよ。

Чьё э́то молоко́?—Э́то твоё молоко́.　これは誰のミルク？—これは君のだよ。

К **чьи́м** роди́телям ты пойдёшь?—К его́ роди́телям.

君は誰の両親のところに行くの？—彼の両親のところだよ。

143

文法復習⑤ 数詞
цифра

数詞

0	ноль	30	три́дцать
1	оди́н	40	со́рок
2	два	50	пятьдеся́т
3	три	60	шестьдеся́т
4	четы́ре	70	се́мьдесят
5	пять	80	во́семьдесят
6	шесть	90	девяно́сто
7	семь	100	сто
8	во́семь	1000	ты́сяча
9	де́вять	2000	две ты́сячи
10	де́сять	10000	де́сять ты́сяч
11	оди́ннадцать	100.000	сто ты́сяч
12	двена́дцать	1.000.000	миллио́н
13	трина́дцать	10.000.000	де́сять миллио́нов
14	четы́рнадцать	100.000.000	сто миллионо́в
15	пятна́дцать	1.000.000.000	миллиа́рд
16	шестна́дцать		
17	семна́дцать		
18	восемна́дцать		
19	девятна́дцать		
20	два́дцать		
21	два́дцать оди́н		

　21~29,31~39, などの場合は合成数字となります。例えば 33 であれば，три́дцать に три を追加します。(три́дцать три)

　ロシア語で数字を表すときは，3 桁ごとの区切りにカンマ "запята́я" ではなく，ピリオド "то́чка" を用います。小数点にはカンマを打ちます。

● 順序数詞

1番目	пе́рвый	6番目	шесто́й
2番目	второ́й	7番目	седьмо́й
3番目	тре́тий	8番目	восьмо́й
4番目	четвёртый	9番目	девя́тый
5番目	пя́тый	10番目	деся́тый

　順序数詞は形容詞と同じように修飾する名詞によってその性と数を変えます。また，活用もします。活用形は文法復習5の形容詞の変化を参照してください。

疑問詞がない時のイントネーション

　ロシア語を話す時にイントネーションはとても大事です。ロシア語には英語の疑問詞 DO がないので，疑問文であることを示すためには，疑問となっている単語のアクセントのある音節を吊り上げるイントネーションで話します。

例1 あなたは苺を好きですか。Вы лю́бите клубни́ку?

　好きであるかどうかが疑問になりますので，лю́бите を高く吊り上げるように発音します。特にアクセントがある ю を高く発音します。

例2 あなたは苺が好きなのですか。Вы лю́бите клубни́ку?

　苺が好きなのかどうかが疑問になりますので，клубни́ку を高く吊り上げるように発音します。特にアクセントがある и を高く発音します。
このイントネーションが平坦になると断定の文章と同じイントネーションになりますので，「貴方は苺が好きです」と，あたかも貴方から相手の好みを断定したように聞こえてしまいますので，注意しましょう。

　本文では 002，006，007，014，188 などが例となります。（疑問詞がない疑問文のイントネーションの高まりは，読み方のフリガナを太字にすることで表現しましたので，参照してください）

　断定文のイントネーションは，文章の終わりが沈み込むようなイントネーションです。ネイティブの録音をよく聞いて体に覚え込ませましょう。

421

ザル

зал

活用 p.182

名|男 会場

- банке́тный 形·男 зал「宴会場」
- коридо́р 男「廊下」

422

チューストゥヴァ

чу́вство

活用 p.182

名|中 感覚

- эмо́ция 女「感情」

423

チューストゥヴァヴァチ

чу́ствовать

活用 p.184

動 感じる

- почу́вствовать 完
- испыта́ть 完「覚える」

424

バヤッツァ

боя́ться

活用 p.184

動 恐れる

- стра́шно 副「怖く」

425

プラーカチ

пла́кать

活用 p.184

動 泣く

- слёзы 複「涙」

426

ジャリェーチ

жале́ть

活用 p.184

動 後悔する

- пожале́ть 完
- жаль 述「残念である」
- жа́лко 副「もったいない」

427

ウルイバッツァ

улыба́ться

活用 p.184

動 微笑む

- улыбну́ться 完
- улы́бка 女「微笑」
- смея́ться 動「笑う」

61

プらハジーチェ　　　　パジャールスタ　　　ヴザル　　アジダーニア

Проходи́те, пожа́луйста в $\boxed{\text{зал}}$ **ожида́ния.**

待機所にお進みください。

▶ проходи́те＜проходи́ть 動「通る」 ожида́ния 生＜ожида́ние 中「待機」

カキーィエ　　チュースト゚ヴァ　ヴィ　　イスピーティヴァイチェ

Каки́е $\boxed{\text{чу́вства}}$ **вы испы́тываете?**

どのような気持ちですか。

▶ каки́е 疑・複「どのような」 испы́тываете＜испы́тывать 動「覚える」

カーク　ヴィ　シビャー　チュースト゚ヴーイチェ

Как вы себя́ $\boxed{\text{чу́вствуете}}$**?**

具合はいかがですか。

▶ 決まった言い方
　себя́ 対「自分自身を」

ナースチャ　　バイッツァ　　　バチりゃーチ　　　リュボーフィ　スヴァイヴォー　パーるニャ

На́стя $\boxed{\text{бои́тся}}$ **потеря́ть любо́вь своего́ па́рня.**

ナースチャは彼氏の気持ちが離れるのを恐れています。

▶ потеря́ть 動「失う」 па́рня 生＜па́рень 男「若者」

ニ　　プラーチチェ　　　パジャールスタ

Не $\boxed{\text{пла́чьте}}$**, пожа́луйста.**

どうか，泣かないでください。

▶ пожа́луйста 057「どうぞ，どうか」

ヤー　ジャリェーユ　アスヴァヨーム　バストゥープキエ

Я $\boxed{\text{жале́ю}}$ **о своём посту́пке.**

私は自分の行動を後悔しています。

▶ посту́пке 前＜посту́пок 男「行動」

ヤー　ヴヴァストーるギェ　　カグダー　ティ　ウルィバーイシシャ　　ムニェ

Я в восто́рге, когда́ ты $\boxed{\text{улыба́ешься}}$ **мне.**

君が私に微笑むと，私は有頂天になる。

▶ в восто́рге「有頂天で」 когда́「〜の時に」

428

アツェーンカ

оце́нка

活用 p.182

名|女 評価

- балл 男「評点, 得点」

429

インチりサヴァッツァ

интересова́ться

活用 p.184

動 関心を持つ

- интере́с 男「興味, 関心」
- любопы́тство 中「好奇心」
- интересова́ться + 造「～に関心を持つ」

430

ドゥーマチ

ду́мать

活用 p.184

動 考える

- поду́мать 完
- мы́сль 女「考え」
- приду́мать 動「思いつく」

431

ポームニチ

по́мнить

活用 p.184

動 覚えている

- вспо́мнить 完「思い出す」
- воспомина́ние 中「思い出」

432

ザブィヴァーチ

забыва́ть

活用 p.184

動 忘れる

- забы́ть 完
- па́мять 女「記憶」
- мечта́ 女「夢」

433

ニシャースヌィイ

несча́стный

形 不幸な

- несча́стье 中「不幸, 不運」
- счастли́вый 形「幸運な, 幸せな」

434

ピチャーリナ

печа́льно

副 悲痛だ, 残念だ

- печа́льный 形「悲嘆にくれた, 悲惨な」

62

ヤー　パルチール　ハローシュユー　アツェンクー　ザ　プりジンターツィユー
Я получи́л хоро́шую оце́нку за презента́цию.

私はプレゼンでいい評価をもらいました。

▶ получи́л 過 ＜получа́ть 動 449「受け取る」

ムィ　インチりスーエムシャ　るースカイ　りチらトゥーらイ
Мы интересу́емся ру́сской лететату́рой.

私たちはロシア文学に関心があります。

▶ ру́сской＜ру́сский 形「ロシアの」литерату́рой 過 ＜литерату́ра 女「文学」

アチョーム　ティ　ドゥーマイシ
О чём ты ду́маешь?

何を考えているの？

▶ о〔前〕前「～について」чём 前 ＜что「何を」

ティ　ポームニシ　シュトー　ムィ　チャースタ　イグらーり　ヴジェッツトゥヴェ
Ты по́мнишь, что мы ча́сто игра́ли в де́тстве?

君は，私たちが子ども時代よく遊んだことを覚えていますか。

▶ ча́сто 副「頻繁に」де́тстве 前 ＜де́тство 中「子ども時代」

ヤー　ザブィル　カシりょーク
Я забы́л кошелёк!

私は財布を忘れてきました。

▶ кошелёк 男「財布」

エータ　ニシャースヌィイ　スルーチイ
Э́то несча́стный слу́чай.

これは不幸な出来事です。

▶ слу́чай 男「出来事」

ピチャーりナ　シュト　ルーチシィー　ドゥるーク　ウィエージットゥ　ザグらニッツー
Печа́льно, что лу́чший друг уе́дет за грани́цу.

親友が外国に行ってしまうのは残念です。

▶ лу́чший 形「最良の」уе́дет＜уе́хать 動「去る」за грани́цу 成「外国へ」

149

435

ビスパコーイッツァ

беспоко́иться

活用 p.184

(動) 心配する

- беспоко́йство 中 「心配, 不安」
- беспоко́ить 動 「心配させる」

436

ウスタヴァーチ

устава́ть

活用 p.184

(動) 疲れる

- уста́ть 完
- уста́лость 女 「疲労」

437

ウヴリカッツァ

увлека́ться

活用 p.184

(動) 夢中になる

- увле́чься 完
- увлече́ние 中 「熱中」
- увлека́ться + 造 「〜に夢中である」

438

ストラーシュヌィイ

стра́шный

(形) 怖ろしい

- стра́шно 副 「怖く」
- ужа́сный 形 「怖い」

439

スミェーラ

сме́ло

(副) 大胆に

- сме́лость 女 「勇気」
- сме́лый 形 「大胆な, 勇敢な」

440

イスカーチ

иска́ть

活用 p.184

(動) 探す

- найти́ 動 「見つける」

441

アビシャーニエ

обеща́ние

活用 p.182

(名|中) 約束

- обеща́ть 動 「約束する」
- дать обеща́ние 「約束する」

63

ムィ　ビスパコーイムシャ　アイヨー　ズダローヴィエ
Мы беспоко́имся **о её здоро́вье.**

私たちは彼女の健康を案じています。

▶ здоро́вье 前 < здоро́вье 中「健康」

ムィ　オーチン　ウスターリ　パタムーシュタ　ドールガ　ハジーリ
Мы о́чень уста́ли **, потому́ что до́лго ходи́ли.**

私たちはとても疲れました。なぜなら，長く歩いたからです。

▶ потому́ что「なぜなら」 ходи́ли 過 < ходи́ть 動 359「歩く」

サーシャ イ ヴァロージャ　ウヴりカーユッツァ　カンピユーチるヌイミ　イーグらミ
Са́ша и Воло́дя увлека́ются **компью́терными и́грами.**

サーシャとヴァロージャはコンピューターゲームに夢中です。

▶ компью́терными < компью́терный 形「コンピューターの」
　и́грами 造・複 < игра́ 男「ゲーム」

エータ　ブィラー　ストゥらーシュナヤ　スツェーナ
Э́то была́ стра́шная **сце́на.**

それは怖ろしい光景でした。

▶ была́ 過・女 < быть 動 110「ある」 сце́на 女「光景」

イナグダー　ヌージュナ　スミェーラ　イズミニーチ　スヴァイ　スチーリ　ジーズニ
Иногда́ ну́жно сме́ло **измени́ть свой стиль жи́зни.**

時には自分の生活スタイルを大胆に変える必要があります。

▶ иногда́ 副「ときどき」 измени́ть 完 < изменя́ть 動 494「変更する」
　стиль жи́зни「ライフスタイル」

シュト ティ　イーシュイシ
Что ты и́щешь **?**

何を探しているんだい？

ニカライ　ダル　アビシャーニエ　ウチーチリュー
Никола́й дал обеща́ние **учи́телю.**

ニコライは先生に約束しました。

▶ дал 過 < дава́ть 動 288「与える」 учи́телю 与 < учи́тель 男 195「教師」

442

ズヴァーチ

звать

活用 p.184

動 呼ぶ

- позва́ть 完
- звоно́к 男「ベル, 電話の会話」

443

ジュダーチ

жда́ть

活用 p.184

動 待つ

- подожда́ть 完
- ожида́ть 動「期待して待つ」

444

プリチーナ

причи́на

活用 p.182

名|女 原因

- почему́ 疑「なぜ」
- потому́, что 接「なぜなら～である」

445

トーチヌィイ

то́чный

形 正確な

- то́чность 女「正確さ」
- пра́вильный 形「正しい」

446

パズドゥらーヴィチ

поздравля́ть

活用 p.184

動 祝う

- поздра́вить 完 + с 前「～を祝う」

447

パダーらク

пода́рок

活用 p.182

名|男 贈り物

- поздравле́ние 中「お祝い, 祝辞」
- годовщи́на 女「周年記念」

448

アトゥミチャーチ

отмеча́ть

活用 p.184

動 記念する

- отме́тить 完
- па́мять 女「記念」

64

クトータ　ザヴョットゥ　チビャー
Кто́-то `зовёт` **тебя́.**

誰かが君を呼んでいるよ。

▶ Кто́-то「誰か《不定代》」

ウジェー　　トゥリッツァッチ　ミヌットゥ　ヤー　ジドゥー　　アフトーブス
Уже́　30[три́дцать] мину́т я `жду` **авто́бус.**

もう30分もバスを待っています。

▶ уже́ 副「すでに」　мину́т＜мину́та 女 118「分」　авто́бус 男 349「バス」

プリチーナ　　イヴォ　プリストゥプリェーニャ　　ニパニャートゥナ
`Причи́на` **его́ преступле́ния непоня́тна.**

彼の犯行の原因はわかりません。

▶ преступле́ния 生＜преступле́ние 中「犯罪」
　непоня́тна 短・女＜непоня́тный 形「わからない」

ウナース　イショー　ニェットゥ　トーチナイ　　インファるマーツィイ
У нас ещё нет `то́чной` **информа́ции.**

私たちはまだ，正確な情報を得ていません。

▶ ещё 副「まだ」　информа́ции 生＜информа́ция 女「情報」

ヤー　　バズドゥらヴリャーユ　　チビャー　ズドゥニョーム　らジュジェーニャ
Я `поздравля́ю` **тебя́ с днём рожде́ния!**

君の誕生日をお祝いします。

▶ день рожде́ния 男・中生「誕生日」

ムィ　クピーリ　　パダーらク　　ドゥリャッツァー
Мы купи́ли `пода́рок` **для отца́.**

私たちは父に贈り物をしました。

▶ купи́ли 完・過＜покупа́ть 動 392「買う」　для 前＋生「～のために」

アニー　アトゥミチャーユットゥ　ピチリェートゥニー　　ユビリェーイ　サドゥニャ　スヴァージビィ
Они́ `отмеча́ют` **пятиле́тний юбиле́й со дня сва́дьбы.**

彼らは結婚5周年を迎えるところです。

▶ юбиле́й 男「記念日」　сва́дьбы＜сва́дьба 女「結婚式」

449

パルチャーチ

получа́ть

活用 p.184

動 受け取る

- получи́ть 完
- чек 男「領収書」

450

らスカーズィヴァチ

расска́зывать

活用 p.184

動 語る, 話す

- рассказа́ть 完
- расска́з 男「物語, 話」

451

ジーズニ

жизнь

活用 p.182

名|女 人生, 生活

- жи́зненный 形「人生の, 生活の」

452

プりツタヴりャチ

представля́ть

活用 p.184

動 紹介する

- предста́вить 完
- познако́мить 動「紹介する」

453

ナスラジュダーッツァ

наслажда́ться

活用 p.185

動 楽しむ

- наслади́ться 完
- наслажде́ние 中「楽しみ」
- развлече́ние 中「娯楽」

454

ヴァズヴらシャーッツァ

возвраща́ться

活用 p.185

動 戻る

- верну́ться 完
- возвра́т 男「復帰, 還付」

455

ブィーストら

бы́стро

副 速く

- ско́ро 副「直に」
- поспе́шно 副「急いで」

65

ウートゥらム ヤー　　パルチール　　　パスィールクー
Ýтром я | получи́л | посы́лку.

朝，私は小包を受け取りました。

▶ посы́лку 対 < посы́лка 女「小包」

バナチャム　　ジェードゥシュカ　　らスカーズィヴァル 過　アヴァイニェ
По нoчáм дéдушка | расскáзывал | о войнé.

夜ごと，おじいさんは戦争について語りました。

▶ по ＋ 複・与「～ごと」　войне 前 < войнá 女「戦争」

ジィーズニ　　スローヴァヤ　　ノ　　インチりぇースナヤ
| Жизнь | сурóвая, но интерéсная.

人生は世知辛いが，面白い。

▶ сурóвая 女 < сурóвый 女「厳しい」
　интерéсная 女 < интéресный 形「興味深い」

ヤー　　プリッターヴリュー 完　ヴァム　スヴァユー　ニヴェーストゥー
Я | предстáвлю | вам свою́ невéсту.

私はあなたに花嫁を紹介します。

▶ невéсту 対 < невéста 女「花嫁」

ヴィ　　　ナスラジーリシ　　　パィエーストゥカイ　　ヴィポーニユー
Вы | насладúлись | поéздкой в Япóнию?

貴方は日本旅行を満喫されましたか。

▶ поéздкой 造 < поéздка 女「小旅行」

ヴァスコーリカ　　ティ　　ヴぇるニョーシシャ　　ダモーイ
Во скóлько ты | вернёшься | домóй?

君，何時に家に帰る？

▶ во скóлько 疑「何時に」（"времени"は省略可）

イリェーナ　ブィストら　チターイットゥ
Елéна | бы́стро | читáет.

エレーナは読むのが速い。

▶ читáет < читáть 動 207「読む」

456

ミェーディリンナ

ме́дленно

副 遅く

- споко́йно 副「じっくりと」

457

シーリナ

си́льно

副 強く

- си́льный 形
- кре́пкий 形「丈夫な, 強い」

458

スラーバ

сла́бо

副 弱く

- бесси́льно 副「弱く」
- хи́лый 形「虚弱な」

459

オーチン

о́чень

副 とても, 非常に

- 副詞・形容詞の強調。

460

ミャーフカ

мя́гко

副 柔らかく

- пуши́стый 形「ふさふさした」
- не́жный 形「ふわふわの」

461

ピェーるヴィイ

пе́рвый

形 最初の

- второ́й 形「2 番目の」
- тре́тий 形「3 番目の」

462

パスリェードゥヌイイ

после́дний

形 最後の

- предпосле́дний 形「最後から2番目の」

66

モイ　カムピューチる　オーチン　ミェーディリンナ　らボータィットゥ
Мой компью́тер о́чень медленно рабо́тает.

私のパソコンの速度はとても遅い。
▶ рабо́тает＜рабо́тать 動 297「働く」

アリェーク　シーリナ　リュービットゥ　マリーヌー
Оле́г сильно лю́бит Мари́ну.

オレグはマリーナをすごく愛しています。
▶ лю́бит＜люби́ть 動 224「愛する」 Мари́ну 女＜Мари́на 女「マリーナ〈女性名〉」

イヨー　ゴーラス　ぷらズヴチャール　オーチン　スラーバ
Её го́лос прозвуча́л о́чень слабо.

彼女の声はすごく弱々しく響いた。
▶ прозвуча́л 過＜прозвуча́ть 動「音がする」

ヴりぇーミャ　オーチン　ブーイストら　リチットゥ
Вре́мя очень бы́стро лети́т.

時間は飛ぶように過ぎる。
▶ бы́стро 副 455「速く」 лети́т 完＜лета́ть 動 363「飛ぶ」

オーりゃ　フシグダー　ミャーフカ　アトゥノーシッツァ　クリュージャム
О́ля всегда́ мягко отно́сится к лю́дям.

オーリャはいつも人当たりがいい。
▶ всегда́ 副「いつも」 отно́ситься к＋与「～に接する」

ヤー　ピェーるヴイ　らス　ヴィポーニイ
Я первый раз в Япо́нии.

私は初来日です。
▶ раз 中「回」

パスりぇードゥニイイ　ポーイストゥ　アトゥぷらーヴりゃーイッツァ　フチャス　トゥりッツァッチ
Последний по́езд отправля́ется в 1:30[час три́дцать].

最終電車は1時30分に出発します。
▶ по́езд 男 352「電車」 отправля́ется＜отправля́ться 動 366「出発する」

| 1回目 | 年 月 日 ／7 | 2回目 | 年 月 日 ／7 | 3回目 | 年 月 日 ／7 | 達成率 92 % |

157

463 □
□
□

フショー

всё

述 以上, 全部

---

464 □
□
□

パラヴィーナ

полови́на

活用 p.182

名|女 半分

- попола́м 副「半分にする」

---

465 □
□
□

スリェードゥユーシイ

сле́дующий

形 次の

- после́дующий 形「後続する」

---

466 □
□
□

ヴィソーキイ

высо́кий

形 高い

- высота́ 女「高さ」
- высоко́ 副「高く」

---

467 □
□
□

ニースキイ

ни́зкий

形 低い

- ни́зко 副「低く」

---

468 □
□
□

ダヴォーリヌイイ

дово́льный

形 満足する

- дово́лен 短・男 ＋ 造「〜に満足」

---

469 □
□
□

スリーシュカム

сли́шком

副 過度に

- о́чень 副「とても」
- чрезме́рно 副「過度に」

67

エータ フショー
Это вскё!

以上です！

ダイチェ　　バジャールスタ　　パラヴィーヌー　　ブールキ
Дайте, пожалуйста, половину булки.

パンを半分ください。

▶ булки 生 < булка 女「白パン」

ヴィ　　ヴィホージチェ　　ナスリェードゥユーシェイ　　スタンツィイ
Вы выходите на следующей станции?

貴方は次の駅でお降りになりますか。

▶ выходите < выходить 動 487「出る」 следующей 前・女 < следующий 形「次の」

オーチン　　ニウドーブナ　　ハジーチ　　ナヴィソーキフ　　カブルカフ
Очень неудобно ходить на высоких каблуках.

ハイヒールで歩くのはとても不便です。

▶ неудобно 形「不便である」 каблуках 前・複 < каблуки < каблук 男「ヒール」

エータ　　がらー　　アトゥナシーチリナ　　ニースカヤ
Эта гора относительно низкая.

この山は比較的低い。

▶ относительно 副「比較的」

ヤー　　ダヴォーリン　　スヴァイミ　　ダスチジェーニヤミ
Я доволен своими достижениями.

私は自分に業績に満足しています。

▶ достижениями 達・複 < достижение 中「業績」

アナー　　スリーシュカム　　ウームナヤ　　ドゥリャエータイ　　らボータイ
Она слишком умная для этой работы.

彼女はこの仕事には賢すぎます。

▶ умная 女 < умный 形「利口な」 этой 生 < эта 指代「この (141 ページ参照)」

470

パシシェーニエ

посеще́ние

活用 p.182

名|中 訪問

- посети́ть 完 < посеща́ть 不定 「訪問する」

471

ドゥるゴーイ

друго́й

形 違う

- ра́зный 形 「異なる，別の」

472

パホージイ

похо́жий

形 似ている

- близне́ц 男 「双子」
- похо́жий +на 「～に似ている」

473

ボードゥるいイ

бо́дрый

形 元気な

- эне́ргия 女 「エネルギー」

474

ナチナーチ

начина́ть

活用 p.185

動 始める

- нача́ть 完
- нача́ться 自動 「始まる」

475

カンチャーチ

конча́ть

活用 p.185

動 終わる

- ко́нчить 完
- конча́ться 自動 「終わる」

476

スパチ

спать

活用 p.185

動 眠る

- сон 男 「眠り，夢」

68

パシシュエーニエ　　イポーンスカイ　　ジリガーツィイ　　フィーラ　オーシニュー

Посещéние япóнской делегáции бы́ло óсенью.

日本の代表団の訪問は秋でした。

▶ делегáции 生 ＜ делегáция 女「代表団」　óсенью 副 **122**「秋に」

ムィ　ブらーチャ　　ノ　　ウ ミニャ　　ドゥるガーヤ　　マーチ

Мы брáтья, но у меня́ **другáя** мать.

私たちは兄弟ですが，私は母が違います。

▶ брáтья 複 ＜ брат 男 **029**「兄弟」　мать 女 **028**「母」

アニー　オーチン　　パホージ　　ドゥるークナドゥるーガ

Они́ óчень **похóжи** друг на дрýга.

彼らはお互いにとてもよく似ています。

▶ óчень 副「とても」　друг на дрýга 成「お互いに」

アニー　ヴィーグリジャットゥ　ボードゥるいミ

Они́ вы́глядят **бóдрыми**.

彼らはとても元気そうだ。

▶ вы́глядят ＜ вы́глядеть ＋ 造「〜に見える」

カグダー　ヴィ　　アブィチナ　　　ナチナーィェチェ　　ウろーク

Когдá Вы обы́чно **начинáете** урóк?

通常はいつ授業を始めますか。

▶ обы́чно 副「通常は，いつもは」　урóк 男 **197**「授業」

チェーりズ ニジェーりュ　カンチャーユ　　　アビザーチりナエ　　　アブチェーニエ

Чéрез недéлю **кончáю** обязáтельное обучéние.

1週間後に義務教育を終えます。

▶ чéрез ＋ 対「〜後」　обязáтельное обучéние「義務教育」

オーチン　　ホーチッツァ　　スパッチ

Óчень хóчется **спать**.

ひどく眠たい。

▶ хóчется 再済 ＜ хóтеть 動 **223**「欲する」

477

フスタヴァーチ

встава́ть

活用 p.185

動 起きる

- встать 完
- подъём 男「起床」

478

パマガーチ

помога́ть

活用 p.185

動 助ける

- помо́чь 完
- по́мощь 女「助け」

479

アトゥくるぃヴァーチ

открыва́ть

活用 p.185

動 開ける

- откры́ть 完
- откры́тие 中「開始, オープニング」

480

ザくるぃヴァーチ

закрыва́ть

活用 p.185

動 閉める

- закры́ть 完
- закры́тие 中「閉めること, 修了式」

481

ジョーツキイ

жёсткий

形 硬い

- твёрдо 副「固く」
- про́чный 形「堅牢な」

482

パカーズィヴァチ

пока́зывать

活用 p.185

動 見せる

- показа́ть 完

483

アパーズディヴァチ

опа́здывать

活用 p.185

動 遅れる

- опозда́ть 完

69

モイ スィン フスタヨーットゥ ヴヴォーシミ カージュディー ジェニ

Мой сын [встаёт] в 8:00[восемь] каждый день.

私の息子は毎日8時に起きます。

▶ сын 男 031「息子」 каждый день「毎日」

バマギー ムニエ パジャールスタ

[Помоги] мне, пожалуйста.

私を助けて。

▶ помогать ＋ 5「～を助ける」

アトゥクローイ パジャールスタ アクノー ズジェーシ オーチン ジャーるカ

[Открой], пожалуйста окно. Здесь очень жарко.

窓を開けてくれ，ここはとても暑い。

▶ окно 中 072「窓」 жарко 副 136「暑く」

ザクローイチェ パジャールスタ ドゥヴェーり

[Закройте], пожалуйста дверь.

ドアを閉めてください。

▶ дверь 女 071「ドア」

エータットゥ ジヴァーン オーチン ジョースキー ヤー ニ マグー ナニョム スパッチ

Этот диван очень [жёсткий], я не могу на нём спать!

このソファーは硬いので眠れません。

▶ диван 男「ソファー」 могу＜мочь 動 407「できる」 спать 動 476「眠る」

ニ パカージェチェ エータ フォータ

Не [покажете] это фото?

この写真を見せてくれませんか。

▶ не покажете 完・вы《否定の疑問で丁寧な依頼》 фото 中「写真」

カーチャ アパズダーラ ナ ポーイストゥ イエーイ プりショローシ ジュダチ ドゥヴァ チサー

Катя [опоздала] на поезд. Ей пришлось ждать два часа.

カーチャは列車に乗り遅れてしまい，2時間待たざるを得なくなりました。

▶ пришлось 過・中＜прийтись 動「せざるをえない」

484 □ □ □

パヴァらーチヴァチ

повора́чивать

活用 p.185

動 方向を変える

- поверну́ть 完
- поворо́т 男「カーブ, 回転」

485 □ □ □

スターヴィチ

ста́вить

活用 p.185

動 置く

- поста́вить 完
- положи́ть 動「置く」

486 □ □ □

フハジーチ

входи́ть

活用 p.185

動 入る〔運動〕

- войти́ 完
- вход 男「入口」
- входи́ть в「〜に含まれる」

487 □ □ □

ヴィハジーチ

выходи́ть

活用 p.185

動 出る〔運動〕

- вы́йти 完
- вы́ход 男「出口」

488 □ □ □

パドゥニマッツァ

поднима́ться

活用 p.185

動 登る

- подня́ться 完
- эскала́тор 男「エスカレーター」
- лифт 男「エレベーター」

489 □ □ □

スプスカーッツァ

спуска́ться

活用 p.185

動 下がる

- спусти́ться 完
- ле́стница 女「階段」
- спуск 男「下り」

490 □ □ □

パーダチ

па́дать

活用 p.185

動 落ちる

- упа́сть 完
- урони́ть 動「落とす」

70

イジーチェ　プリャーマ　イ　　パヴィるニーチェ　　　ナプらーヴァ
Иди́те пря́мо и [поверни́те] напра́во.
完・命

まっすぐ行って，右に曲がってください。
▶ пря́мо 副「まっすぐに」 напра́во 副「右に」

ヤー　　パスターヴィル　　　カるジーンク　　シュダー　　ノ　イヨー　ニェットゥ
Я [поста́вил] корзи́нку сюда́. Но её нет.
完・過

私はここにかごを置きました。なのにそれがありません。
▶ корзи́нку 対＜корзи́нка 女「かご」 её нет 生「それがない」＊存在の否定

ナピータク　　フホージットゥ　　フストーイマスチ　　アビェーダ
Напи́ток [вхо́дит] в сто́имость обе́да.

昼食に飲み物は含まれています。
▶ напи́ток 男「飲み物」 сто́имость 女「価格」 обе́да＜обе́д 男 162 「昼食」

ヴィハジー　　　イズドーマ　　ヤー　ウジェー　プリイェーハル
[Выходи́] из до́ма. Я уже́ прие́хал.
命

家から出てきて。もう（君の家に）着いたよ。
▶ прие́хал 完・過＜прие́хать 動 365 「到着する」

ムィ　　　　パドゥニマーリシ　　　　ナゴーるー　　ピェーるヴイ　らース
Мы [поднима́лись] на го́ру пе́рвый раз.
過・複

私たちは初めて山に登りました。
▶ го́ру 対＜гора́ 246 「山」 пе́рвый раз「初めて」

ムィ　　スプスカーィムシャ　　ズガるィ　スヴァイーム　ホーダム
Мы [спуска́емся] с го́ры свои́м хо́дом.

私達は山から自分のペースで降りています。
▶ хо́дом 造＜ход 女「進行」

ヤー　ウパール　　スリェースニッツィ
Я [упа́л] с ле́стницы.
完

階段から落ちました。
▶ ле́стницы 生＜ле́стница 男 073 「階段」

---

491 □ □ □

ムィチ

мыть

活用 p.185

[動] 洗う

- помы́ть 完
- мы́ло 中「石鹸」
- шампу́нь 男「シャンプー」

492 □ □ □

アスタナーヴリヴァチ

остана́вливать

活用 p.185

[動] 止める

- останови́ть 完
- останови́ться 再帰動「止まる」

493 □ □ □

ジィニッツァ

жени́ться

活用 p.185

[動] 結婚する

- брак 男「結婚」
- жени́тьба 女「(男性の) 結婚」
- заму́жество 中「(女性の) 結婚」

494 □ □ □

イズミニャーチ

изменя́ть

活用 p.185

[動] 変更する

- измени́ть 完
- поменя́ть 動「交換する」

495 □ □ □

フストゥりチャーチ

встреча́ть

活用 p.185

[動] 会う, 出迎える

- встре́тить 完
- встреча́ться 再帰動「会う」

496 □ □ □

アスタヴリャーチ

оставля́ть

活用 p.185

[動] 残す

- оста́вить 完
- оста́ток 男「残り」
- оста́вить в поко́е 成「そっとしておく」

497 □ □ □

ぷらシーチ

проси́ть

活用 p.185

[動] 頼む

- попроси́ть 完
- про́сьба 女「頼み」

71

パモーイ　　るーキ　ピェーりディドーイ

Помой[完·命] ру́ки пе́ред едо́й.

ご飯の前に手を洗いなさい。

▶ру́ки[複]＜ру́ка[女]「手」 пе́ред[前]＋[造]「〜の前に」 едо́й[造]＜еда́[157]「食べ物」

アスタナヴィーチェ　　　マシーヌー

Остановите[完·命] маши́ну.

車を止めてください。

▶маши́ну[対]＜маши́на「車」

ムィ　　　パジィニーリシ　　　　フフシンチブりぇー　　エータヴァ　ゴーダ

Мы **поженились**[完] в сентябре́ э́того го́да.

私たちは今年の9月に結婚しました。

▶в[前]＋月名「〜月に」 э́того[生]＜э́тот[指代]「この」

ヤー　イズミニール　　アトゥナシェーニエ　　クニムー

Я **изменил**[完] отноше́ние к нему́.

私は彼への態度を変えました。

▶отноше́ние к[与]「〜への態度」

ユーナシャ　フストゥりチャーイットゥ スヴァユー ジェーヴシュクー

Ю́ноша **встреча́ет** свою́ де́вушку.

若者は自分の彼女を迎えに行っています。

▶ю́ноша[男]「若者」 де́вушку[対]＜де́вушка[女]「ガールフレンド，彼女」

アスターフィ　ミニャー　　フパコーエ

Остáвь[完·命] меня́ в поко́е.

私のことはほっといてください。

ヤー　ぷらシール　　パズヴァーチ　　イワノーヴァ　　クチリフォーヌー

Я **просил** позва́ть Ивано́ва к телефо́ну.

私はイワノフさんを電話口に呼ぶように頼みました。

▶позва́ть[完]＜звать[動] [442]「呼ぶ」

498

ざらバーティヴァチ

зараба́тывать

活用 p.185

(動) 稼ぐ

- зарабо́тать 完
- зарпла́та 女「給料」

499

プリミェール

приме́р

活用 p.182

(名|男) 例, 見本

- образе́ц 男「模範」
- наприме́р 挿入語「たとえば」

500

アスタヴァッツァ

остава́ться

活用 p.185

(動) 留まる

- оста́ться 完

501

プリトゥパチターチ

предпочита́ть

活用 p.185

(動) 好む

- предпоче́сть 完
- вино́ 中「ワイン」

502

ナジマーチ

нажима́ть

活用 p.185

(動) 押す

- нажа́ть 完
- кно́пка 女「押しボタン」

503

ヴィチャーギヴァチ

вытя́гивать

活用 p.185

(動) 引っ張る

- вы́тянуть 完

504

ピリドゥヴィガーチ

передвига́ть

活用 p.185

(動) 動かす

- передви́нуть 完
- движе́ние 中「動き」

72

ヤー サム ざらボータル ジェーニギ ナスヴァユー ウチョーブー
Я сам 〔зарабо́тал〕 **де́ньги на свою́ учёбу.**

自分で学費を稼ぎました。

▶ свою́ 対・女 ＜ свой 所代 「自分の」 учёбу 対 ＜ учёба 女 「学業」

イヨー パヴィジェーニエ イヴリャーイッツァ プリミェーらム ドゥリャフセフ
Её поведе́ние явля́ется 〔приме́ром〕 **для всех.**

彼女の行動はみんなにとって手本になっています。

▶ поведе́ние 中 「行動」 явля́ется ＜ явля́ться ＋ 造 「～である」

ヤー アスタユーシ ズジェーシ ヴェーティる プリヤートゥヌイ
Я 〔остаю́сь〕 **здесь. Ве́тер прия́тный.**

私はここに留まっています。風が気持ちいいから。

▶ ве́тер 男 「風」 прия́тный 形 「心地よい」

ヤー プりトゥパチターユ クらースナエ ヴィノー
Я 〔предпочита́ю〕 **кра́сное вино́.**

私は赤ワインを好みます。

▶ кра́сное 中 ＜ кра́сный 形 「赤の」

ナジミーチェ パジャールスタ ナシムナッツァティー イターシュ
〔Нажми́те〕**, пожа́луйста, на 17 -й**[семна́дцатый] **эта́ж.**

17 階を押してください。

▶ эта́ж 男 「階」

ジェードゥシュカ ヴィチヌール りぇープクー
Де́душка 〔вы́тянул〕 **ре́пку.**

おじいさんがカブを引き抜きました。

▶ ре́пку 対 ＜ ре́пка 女 「大根」

ヤー ぴりドゥヴィーヌル ミェービり ナノーヴァエ ミェースタ
Я 〔передви́нул〕 **ме́бель на но́вое ме́сто.**

私は模様替えをしました。

▶ ме́бель 対 ＜ ме́бель 女 「家具」 но́вое 中 ＜ но́вый 形 「新しい」
ме́сто 中 「場所」

| 1回目 | 年 月 日 ／7 | 2回目 | 年 月 日 ／7 | 3回目 | 年 月 日 ／7 | 達成率 **100%** | *Хорошо!* |

169

前置詞

в	～に，中に 前置格	Я живу́ **в** Йокога́ме. 私は横浜に住んでいます。
	～へ 対格	Я пое́ду **в** Аме́рику. 私はアメリカへ行く。
на	～に，～で，上に 前置格	Я была́ **на** конце́рте. 私はコンサートに行った。
		Я е́ду **на** авто́бусе. 私はバスに乗っている。
	～へ 対格	Он пое́хал на о́стров Хокка́йдо. 彼は北海道へ行った。
о, об	～について 前置格	Роди́тели ду́мают **о** сы́не. 親は息子について考えている。
у	～には，～のところで 生格	**У** меня́ есть две ко́шки. 私の家には猫が2匹いる。
		Дава́й встре́тимся **у** ста́нции метро́! 地下鉄の駅で会おう！
из	～から 生格	Ми́ша прие́хал **из** Москвы́. ミーシャはモスクワから来ました。
от	～から 生格	Ты получи́л письмо́ **от** учи́теля? 先生からの手紙を受け取ったかい？
к	～へ，～のところに 与格	Мы ходи́ли **к** учи́телю. 私達は先生のところに行きました。
для	～のために 生格	Она́ испекла́ пече́нье **для** друзе́й. 彼女は友達のためにクッキーを焼きました。
с	～と一緒に 造格	Я люблю́ гуля́ть **с** ма́мой. 私はママと一緒に散歩するのが好きだ。

それぞれの前置詞には後続の単語に要求する格があります。特に同じ前置詞でありながら使用目的で格が変わるВ, НА の前置詞に気をつけましょう。ほかにも без「～なしで」（生格）， за「～の後ろに」（造格），「～に対して」（対格）などがあります。

　副詞は多くの場合が動詞とともに使用され，通常は動詞の前に置かれます。動詞の作用に性質づけをするのが副詞です。たとえば，**Как ты говори́шь по-ру́сски?**（どのようにロシア語が話せますか）は，**как** の答えが副詞となりますが，**Я хорошо́ говорю́ по-ру́сски.**（上手く話せます）のように使います。

　形容詞の短語尾中性形（述語での使用もあるが）は副詞としても用いられます。また名詞を造格にした形が時を表す副詞として用いられることもあります。いくつか例をあげます。

形容詞 ⇒ 副詞	бы́стрый（速い）	⇒ бы́стро（速く）
短語尾中性	краси́вый（美しい）	⇒ краси́во（美しく）
名詞 ⇒ 副詞	у́тро（朝）	⇒ у́тром（朝に）
造格	о́сень（秋）	⇒ о́сенью（秋に）

　場所をあらわす副詞は本文の例文中にもいくつか挙げられています。

Здесь	ここで	**там**	あそこで
напра́во	右に	**нале́во**	左に

発音と読み方⑤

　ч をシュと発音する単語があります。**коне́чно** カニェーシュナ，**что**［シュト］などです。-чн- は常にシュと発音されます。**г** を х フと発音する単語があります。**легко́**［レフコー］，**мя́гко**［ミャーフカ］などです。慣習的に **его́, чего́** などのように語中にある **г** を в と発音をするものがあります。

文法復習⑥ 否定文と否定生格

отрица́тельные предложе́ния и роди́тельный паде́ж

否定文

動詞，助動詞の前に НЕ をつけて否定の意味を表します。

平叙文 Я люблю́ спорт.　私はスポーツが好きです。

否定文 Я **не** люблю́ спо́рт.　私はスポーツ好きではない。

助動詞をつける場合は助動詞の前に НЕ をつけます。

平叙文 Я могу́ вста́ть ра́но.　私は早く起きることができる。

否定文 Я **не** могу́ вста́ть ра́но.　私は早く起きられません。

平叙文 Я бу́ду смотре́ть кино́.　私は映画を観るつもりです。

否定文 Я **не** бу́ду смотре́ть кино́.　私は映画を観る予定はない。

平叙文 Я уме́ю игра́ть в ша́хматы.　私はチェスをできます。（能力がある）

否定文 Я **не** уме́ю гото́вить.　私は料理ができません。

否定生格

　～がないという存在を否定する場合には，НЕТ の後の名詞を生格にして存在を否定します。

例 Здесь есть фру́кты.　ここにはフルーツがある。

　Здесь **нет** <u>фру́ктов</u>.　ここにはフルーツがない。
　　　　　　　└─ фру́кты の生格

　У меня́ есть кра́сная ю́бка.　私は赤いスカートを持っている。

　У меня́ **нет** <u>кра́сной ю́бки</u>.　私は赤いスカートは持っていない。
　　　　　　　　　└─ кра́сная ю́бка の生格

　Там есть музе́й.　あちらに博物館がある。

　Там **нет** <u>музе́я</u>.　あちらには博物館はない。
　　　　　　└─ музе́й の生格

　否定の副詞がつく場合は не を伴います。その場合も動詞の前に не をつけます。二重否定にはなりません。

例 Я никогда **не** посмотрю такой фильм.　私はそんな映画は絶対に見ません。

Она нигде **не** была во время стажировки.

彼女は研修中どこにも行かなかった。

Они ничего **не** захотели есть.　　彼らは何も食べたくなりませんでした。

Ты никогда **не** читал роман «Война и мир»?

君は『戦争と平和』を一度も読んだことがないのか？

Никто ничего **не** знает про меня.　　私のことは誰も，何も知らない。

- -

疑問詞がある時のイントネーション

Что, кто, где, когда, куда, как, какой (какая, какое, какие), чей, сколько, который (которая, которое, которые) などの疑問詞がある場合はその疑問詞を大きく，強く発音します。

例 日曜日はどこで過ごしていますか。**Где** вы бываете в воскресенье?

「どこで」という疑問詞 где を大きく強く発音します。このように，上に挙げた疑問詞が用いられる疑問文はどれも疑問詞を大きく強く発音します。

感嘆文のイントネーション

感嘆文はポジティブな感情を表現するのにとても有用ですね。コミュニケーションが円滑になるようにどんどん使用したいものです。感嘆文には какой (какая, какое, какие) という代名詞のあとに形容詞が使われます。

例1 なんて素敵な笑顔でしょう！　**Какая прекрасная улыбка!**

この時に，赤字に示した代名詞と形容詞を高く吊り上げるイントネーションで感情をこめます。黒字部分はイントネーションを下げます。本文 **158**，**189**，**393** も参照してください。

例2 なんてうまい言い回しだ！　**Как хорошо сказано!**

ここでは как という代名詞のあとに副詞の хорошо が続きます。赤字の部分を高く吊り上げるイントネーションで黒字部分は下げます。（本文の **136** のように代名詞のあとに名詞のみの感嘆文もあります）

皆さんも会話の相手を褒めて友情を深めるために感嘆文をたくさん使ってみてください。

疑問詞は文頭に付きます。 疑問詞を強めに発音します。

Где グジェ	どこに	Где ты был? 君はどこにいたの？
куда́ クダー	どこへ	Куда́ ты идёшь? 君はどこに行くの？
когда́ カグダー	いつ	Когда́ Мари́на прие́хала в Москву́? マリーナはいつモスクワに来ましたか。
что シュト	なに	Что э́то тако́е? これは一体なんですか。
кто クト	誰	Кто э́то? この人は誰ですか。
как カク	どのように	Как вы пожива́ете? いかがお過ごしですか。
кото́рый カトーるいイ	いずれの	Кото́рая су́мка твоя́? どのカバンが君のなの？ 格変化は形容詞に準ずる
ско́лько スコーリカ	どれくらい	Ско́лько сто́ит э́та руба́шка? このシャツはおいくらですか。
почему́ パチィムー	なぜ	Почему́ вы не сказа́ли мне об э́том? なぜそのとこを私に言わなかったのですか。

что, кто は文中の役割に応じて格変化します。

主格	кто	что
生格	кого́	чего́
与格	кому́	чему́
対格	кого́	что
造格	кем	чем
前置格	ком	чём

例 **Чего́** не хвата́ет? 否定生格 何が足りませんか。

Кому́ ты подари́шь кольцо́? 与格 誰に指輪を贈るの？

Кого́ вы пригласи́ли на сва́дебный банке́т? 対格

結婚披露宴に誰を招待していますか。

и	～と，そして	**Я и ты.** 僕と君。
или	あるいは	**Что ты лю́бишь, я́блоки или апельси́ны?** 何が好き？ リンゴそれともみかん？
а	そして	**Это су́мка, а э́то рюкза́к.** これは鞄，そして，こちらはリュック。
но	しかし	**Серге́й у́мный, но не до́брый.** セルゲイは賢いが，不親切だ。

動詞と名詞の関係

　文章を綴る際には，動詞と名詞の関係に着目しましょう。名詞の格は動詞によって決まります。他動詞の後の名詞は目的語になりますので，格は対格です。

例 **Я покупа́ю сыр.** 私はチーズを買います。

　Он подари́л мне ша́пку. 彼は私に帽子をプレゼントしました。

　Ты посмотре́л э́тот кинофи́льм? 君はこの映画を観た？

　Он откры́л окно́. 彼は窓を開けた。

　動詞と名詞の組み合わせを覚えましょう。

与格＋нра́виться ～に…が気にいっている	**Мне нра́вится гуля́ть в па́рке.** 私は公園を歩くのが好きだ。
занима́ться＋造格 ～に従事する，～をする	**Я занима́юсь спо́ртом.** 私はスポーツをする。
звони́ть＋与格 ～に電話する	**Ка́ждый день он звони́т отцу́.** 彼は父に毎日電話している。
помога́ть(помо́чь)＋与格 ～を助ける，～を手伝う	**Я помога́ю ба́бушке чита́ть газе́ту.** 私はおばあちゃんが新聞を読むのを手伝っています。

見出し語活用一覧

名詞の活用

	主格	生格	与格	対格	造格	前置格
024	семья́	семьи́	семье́	семью́	семьёй	семье́
025	роди́тели	роди́телей	роди́телям	роди́телей	роди́телями	роди́телях
026	де́ти	дете́й	де́тям	дете́й	детьми́	де́тях
027	оте́ц	отца́	отцу́	отца́	отцо́м	отце́
028	мать	ма́тери	ма́тери	мать	ма́терью	ма́тери
029	брат	бра́та	бра́ту	бра́та	бра́том	бра́те
030	сестра́	сестры́	сестре́	сестру́	сестро́й	сестре́
031	сын	сы́на	сы́ну	сы́на	сы́ном	сы́не
032	дочь	до́чери	до́чери	дочь	до́черью	до́чери
033	муж	му́жа	му́жу	му́жа	му́жем	му́же
034	жена́	жены́	жене́	жену́	жено́й	жене́
035	мужчи́на	мужчи́ны	мужчи́не	мужчи́ну	мужчи́ной	мужчи́не
036	же́нщина	же́нщины	же́нщине	же́нщину	же́нщиной	же́нщине
037	челове́к	челове́ка	челове́ку	челове́ка	челове́ком	челове́ке
038	лю́ди	люде́й	лю́дям	люде́й	людьми́	лю́дях
039	друг	дру́га	дру́гу	дру́га	дру́гом	дру́ге
040	ма́льчик	ма́льчика	ма́льчику	ма́льчика	ма́льчиком	ма́льчике
041	де́вочка	де́вочки	де́вочке	де́вочку	де́вочкой	де́вочке
042	де́душка	де́душки	де́душке	де́душку	де́душкой	де́душке
043	ба́бушка	ба́бушки	ба́бушке	ба́бушку	ба́бушкой	ба́бушке
044	дя́дя	дя́ди	дя́де	дя́дю	дя́дей	дя́де
045	тётя	тёти	тёте	тётю	тётей	тёте
060	кры́ша	кры́ши	кры́ше	кры́шу	кры́шей	кры́ше
061	дом	до́ма	до́му	дом	до́мом	до́ме
062	кварти́ра	кварти́ры	кварти́ре	кварти́ру	кварти́рой	кварти́ре
063	ко́мната	ко́мнаты	ко́мнате	ко́мнату	ко́мнатой	ко́мнате
064	эта́ж	этажа́	этажу́	эта́ж	этажо́м	этаже́
065	сад	са́да	са́ду	сад	са́дом	саду́
066	ключ	ключа́	ключу́	ключ	ключо́м	ключе́
067	крова́ть	крова́ти	крова́ти	крова́ть	крова́тью	крова́ти
068	стол	стола́	столу́	стол	столо́м	столе́
069	стул	сту́ла	сту́лу	стул	сту́лом	сту́ле
070	стена́	стены́	стене́	сте́ну	стено́й	стене́
071	дверь	две́ри	две́ри	дверь	две́рью	две́ри
072	окно́	окна́	окну́	окно́	окно́м	окне́
073	ле́стница	ле́стницы	ле́стнице	ле́стницу	ле́стницей	ле́стнице
074	мир	ми́ра	ми́ру	мир	ми́ром	ми́ре
075	ро́дина	ро́дины	ро́дине	ро́дину	ро́диной	ро́дине

	主格	生格	与格	対格	造格	前置格
076	страна́	страны́	стране́	страну́	страно́й	стране́
077	го́род	го́рода	го́роду	го́род	го́родом	го́роде
078	столи́ца	столи́цы	столи́це	столи́цу	столи́цей	столи́це
079	райо́н	райо́на	райо́ну	райо́н	райо́ном	райо́не
080	центр	це́нтра	це́нтру	центр	це́нтром	це́нтре
081	дере́вня	дере́вни	дере́вне	дере́вню	дере́вней	дере́вне
082	о́тпуск	о́тпуска	о́тпуску	о́тпуск	о́тпуском	о́тпуске
083	понеде́льник	понеде́льника	понеде́льнику	понеде́льник	понеде́льником	понеде́льнике
084	вто́рник	вто́рника	вто́рнику	вто́рник	вто́рником	вто́рнике
085	среда́	среды́	среде́	сре́ду	средо́й	среде́
086	четве́рг	четверга́	четвергу́	четве́рг	четверго́м	четверге́
087	пя́тница	пя́тницы	пя́тнице	пя́тницу	пя́тницей	пя́тнице
088	суббо́та	суббо́ты	суббо́те	суббо́ту	суббо́той	суббо́те
089	воскресе́нье	воскресе́нья	воскресе́нью	воскресе́нье	воскресе́ньем	воскресе́нье
090	янва́рь	января́	январю́	янва́рь	январём	январе́
091	февра́ль	февраля́	февралю́	февра́ль	февралём	феврале́
092	март	ма́рта	ма́рту	март	ма́ртом	ма́рте
093	апре́ль	апре́ля	апре́лю	апре́ль	апре́лем	апре́ле
094	май	ма́я	ма́ю	май	ма́ем	ма́е
095	ию́нь	ию́ня	ию́ню	ию́нь	ию́нем	ию́не
096	ию́ль	ию́ля	ию́лю	ию́ль	ию́лем	ию́ле
097	а́вгуст	а́вгуста	а́вгусту	а́вгуст	а́вгустом	а́вгусте
098	сентя́брь	сентября́	сентябрю́	сентя́брь	сентябрём	сентябре́
099	октя́брь	октября́	октябрю́	октя́брь	октябрём	октябре́
100	ноя́брь	ноября́	ноябрю́	ноя́брь	ноябрём	ноябре́
101	дека́брь	декабря́	декабрю́	дека́брь	декабрём	декабре́
102	день	дня	дню	день	днём	дне
103	ме́сяц	ме́сяца	ме́сяцу	ме́сяц	ме́сяцем	ме́сяце
104	год	го́да	го́ду	год	го́дом	го́ду
111	неде́ля	неде́ли	неде́ле	неде́лю	неде́лей	неде́ле
112	у́тро	у́тра	у́тру	у́тро	у́тром	у́тре
113	по́лдень	по́лдня	по́лдню	по́лдень	по́лднем	по́лдне
114	ве́чер	ве́чера	ве́черу	ве́чер	ве́чером	ве́чере
115	ночь	но́чи	но́чи	ночь	но́чью	но́чи
116	вре́мя	вре́мени	вре́мени	время	вре́менем	вре́мени
117	час	ча́са	ча́су	час	ча́сом	часу́
118	мину́та	мину́ты	мину́те	мину́ту	мину́той	мину́те
119	сезо́н	сезо́на	сезо́ну	сезо́н	сезо́ном	сезо́не
120	весна́	весны́	весне́	весну́	весно́й	весне́
121	ле́то	ле́та	ле́ту	ле́то	ле́том	ле́ту
122	о́сень	о́сени	о́сени	о́сень	о́сенью	о́сени
123	зима́	зимы́	зиме́	зи́му	зимо́й	зиме́

177

	主格	生格	与格	对格	造格	前置格
124	восто́к	восто́ка	восто́ку	восто́к	восто́ком	восто́ке
125	за́пад	за́пада	за́паду	за́пад	за́падом	за́паде
126	юг	ю́га	ю́гу	юг	ю́гом	ю́ге
127	се́вер	се́вера	се́веру	се́вер	се́вером	се́вере
128	земля́	земли́	земле́	зе́млю	землёй	земле́
129	во́здух	во́здуха	во́здуху	во́здух	во́здухом	во́здухе
130	пого́да	пого́ды	пого́де	пого́ду	пого́дой	пого́де
131	не́бо	не́ба	не́бу	не́бо	не́бом	не́бе
132	со́лнце	со́лнца	со́лнцу	со́лнце	со́лнцем	со́лнце
133	дождь	дождя́	дождю́	дождь	дождём	дожде́
134	снег	сне́га	сне́гу	снег	сне́гом	сне́ге
135	жара́	жары́	жаре́	жару́	жаро́й	жаре́
140	Росси́я	Росси́и	Росси́и	Росси́ю	Росси́ей	Росси́и
141	Япо́ния	Япо́нии	Япо́нии	Япо́нию	Япо́нией	Япо́нии
142	Кита́й	Кита́я	Кита́ю	Кита́й	Кита́ем	Кита́е
143	А́нглия	А́нглии	А́нглии	А́нглию	А́нглией	А́нглии
144	Герма́ния	Герма́нии	Герма́нии	Герма́нию	Герма́нией	Герма́нии
145	национа́льность	национа́льности	национа́льности	национа́льность	национа́льностью	национа́льности
146	встре́ча	встре́чи	встре́че	встре́чу	встре́чей	встре́че
147	путеше́ствие	пустеше́ствия	путеше́ствию	путеше́ствие	путеше́ствием	путеше́ствие
149	па́спорт	па́спорта	па́спорту	па́спорт	па́спортом	па́спорте
150	гости́ница	гости́ницы	гости́нице	гости́ницу	гости́ницей	гости́нице
153	рестора́н	рестора́на	рестора́ну	рестора́н	рестора́ном	рестора́не
154	бар	ба́ра	ба́ру	бар	ба́ром	ба́ре
156	ку́хня	ку́хни	ку́хне	ку́хню	ку́хней	ку́хне
157	еда́	еды́	еде́	еду́	едо́й	еде́
161	за́втрак	за́втрака	за́втраку	за́втрак	за́втраком	за́втраке
162	обе́д	обе́да	обе́ду	обе́д	обе́дом	обе́де
163	у́жин	у́жина	у́жину	у́жин	у́жином	у́жине
164	бо́рщ	борща́	борщу́	борщ	борщо́м	борще́
165	пирожо́к	пирожка́	пирожку́	пирожо́к	пирожко́м	пирожке́
166	рис	ри́са	ри́су	рис	ри́сом	ри́се
167	хлеб	хле́ба	хле́бу	хлеб	хле́бом	хле́бе
168	ма́сло	ма́сла	ма́слу	ма́сло	ма́слом	ма́сле
169	сыр	сы́ра	сы́ру	сыр	сы́ром	сы́ре
170	колбаса́	колбасы́	колбасе́	колбасу́	колбасо́й	колбасе́
171	мя́со	мя́са	мя́су	мя́со	мя́сом	мя́се
172	ры́ба	ры́бы	ры́бе	ры́бу	ры́бой	ры́бе
173	о́вощи	овоще́й	овоща́м	о́вощи	овоща́ми	овоща́х
174	фрукт	фру́кта	фру́кту	фрукт	фру́ктом	фру́кте
175	яйцо́	яйца́	яйцу́	яйцо́	яйцо́м	яйце́
176	сла́дости	сла́достей	сла́достям	сла́дости	сла́достями	сла́достях

179

	主格	生格	与格	対格	造格	前置格
177	шокола́д	шокола́да	шокола́ду	шокола́д	шокола́дом	шокола́де
179	вино́	вина́	вину́	вино́	вино́м	вине́
180	пи́во	пи́ва	пи́ву	пи́во	пи́вом	пи́ве
181	вода́	воды́	воде́	во́ду	водо́й	воде́
182	ко́фе	ко́фе	ко́фе	ко́фе	ко́фе	ко́фе
183	чай	ча́я	ча́ю	чай	ча́ем	ча́е
184	блю́до	блю́да	блю́ду	блю́до	блю́дом	блю́де
185	ло́жка	ло́жки	ло́жке	ло́жку	ло́жкой	ло́жке
186	буты́лка	буты́лки	буты́лке	буты́лку	буты́лкой	буты́лке
187	са́хар	са́хара	са́хару	са́хар	са́харом	са́харе
188	живо́тное	живо́тного	живо́тному	живо́тного	живо́тным	живо́тном
189	соба́ка	соба́ки	соба́ке	соба́ку	соба́кой	соба́ке
190	ко́шка	ко́шки	ко́шке	ко́шку	ко́шкой	ко́шке
191	пти́ца	пти́цы	пти́це	пти́цу	пти́цей	пти́це
192	шко́ла	шко́лы	шко́ле	шко́лу	шко́лой	шко́ле
193	университе́т	университе́та	университе́ту	университе́т	университе́том	университе́те
194	институ́т	институ́та	институ́ту	институ́т	институ́том	институ́те
195	учи́тель	учи́теля	ути́телю	учи́теля	учи́телем	учи́теле
196	студе́нт	студе́нта	студе́нту	студе́нта	студе́нтом	студе́нте
197	урок	уро́ка	уро́ку	урок	уро́ком	уро́ке
198	расписа́ние	расписа́ния	расписа́нию	расписа́ние	расписа́нием	расписа́нии
199	уче́бник	уче́бника	уче́бнику	уче́бник	уче́бником	уче́бнике
200	зада́ние	зада́ния	зада́нию	зада́ние	зада́нием	зада́нии
202	экза́мен	экза́мена	экза́мену	экза́мен	экза́меном	экза́мене
203	вопро́с	вопро́са	вопро́су	вопро́с	вопро́сом	вопро́се
210	исто́рия	исто́рии	исто́рии	исто́рию	исто́рией	исто́рии
211	иску́сство	иску́сства	иску́сству	иску́сство	иску́сством	иску́сстве
212	карти́на	карти́ны	карти́не	карти́ну	карти́ной	карти́не
213	каранда́ш	карандаша́	карандашу́	каранда́ш	карандашо́м	карандаше́
214	ру́чка	ру́чки	ру́чке	ру́чку	ру́чкой	ру́чке
215	тетра́дь	тетра́ди	тетра́ди	тетра́дь	тетра́дью	тетра́ди
216	кни́га	кни́ги	кни́ге	кни́гу	кни́гой	кни́ге
219	газе́та	газе́ты	газе́те	газе́ту	газе́той	газе́те
220	слова́рь	словаря́	словарю́	слова́рь	словарём	словаре́
221	телеви́зор	телеви́зора	телеви́зору	телеви́зор	телеви́зором	телеви́зоре
227	звук	зву́ка	зву́ку	звук	зву́ком	зву́ке
228	му́зыка	му́зыки	му́зыке	му́зыку	му́зыкой	му́зыке
229	пе́сня	пе́сни	пе́сне	пе́сню	пе́сней	пе́сне
231	гита́ра	гита́ры	гита́ре	гита́ру	гита́рой	гита́ре
232	скри́пка	скри́пки	скри́пке	скри́пку	скри́пкой	скри́пке
235	спорт	спо́рта	спо́рту	спорт	спо́ртом	спо́рте
237	футбо́л	футбо́ла	футбо́лу	футбо́л	футбо́лом	футбо́ле

	主格	生格	与格	対格	造格	前置格
238	волейбо́л	волейбо́ла	волейбо́лу	волейбо́л	волейбо́лом	волейбо́ле
240	парк	па́рка	па́рку	парк	па́рком	па́рке
241	пло́ща́дь	пло́щади	пло́щади	пло́щадь	пло́щадью	пло́щади
242	доро́га	доро́ги	доро́ге	доро́гу	доро́гой	доро́ге
243	мо́ре	мо́ря	мо́рю	мо́ре	мо́рем	мо́ре
244	бе́рег	бе́рега	бе́регу	бе́рег	бе́регом	бе́регу
245	о́стров	о́строва	о́строву	о́стров	о́стровом	о́строве
246	гора́	горы́	горе́	го́ру	горо́й	горе́
247	звезда́	звезды́	звезде́	звезду́	звездо́й	звезде́
248	мост	моста́	мосту́	мост	мосто́м	мосту́
250	лес	ле́са	ле́су	лес	ле́сом	лесу́
251	де́рево	де́рева	де́реву	де́рево	де́ревом	де́реве
252	цвето́к	цветка́	цветку́	цвето́к	цветко́м	цветке́
253	о́зеро	о́зера	о́зеру	о́зеро	о́зером	о́зере
254	река́	реки́	реке́	ре́ку	реко́й	реке́
255	лицо́	лица́	лицу́	лицо́	лицо́м	лице́
256	голова́	головы́	голове́	го́лову	головой	голове́
257	глаза́	глаз	глаза́м	глаза́	глаза́ми	глаза́х
258	рот	рта	рту	рот	ртом	рте
259	у́хо	у́ха	у́ху	у́хо	у́хом	у́хе
260	нос	но́са	но́су	нос	но́сом	но́се
261	зуб	зу́ба	зу́бу	зуб	зу́бом	зу́бу
262	го́рло	го́рла	го́рлу	го́рло	го́рлом	го́рле
263	во́лосы	воло́с	волоса́м	во́лосы	волоса́ми	волоса́х
264	се́рдце	се́рдца	се́рдцу	се́рдце	се́рдцем	се́рдце
265	спина́	спины́	спине́	спи́ну	спино́й	спине́
266	рука́	руки́	руке́	ру́ку	руко́й	руке́
267	ладо́нь	ладо́ни	ладо́ни	ладо́нь	ладо́нью	ладо́ни
268	па́лец	па́льца	па́льцу	па́лец	па́льцем	па́льце
269	нога́	ноги́	ноге́	но́гу	ного́й	ноге́
270	живо́т	живота́	животу́	живо́т	живото́м	животе́
271	стопа́	стопы́	стопе́	стопу́	стопо́й	стопе́
273	сло́во	сло́ва	сло́ву	сло́во	сло́вом	сло́ве
284	письмо́	письма́	письму́	письмо́	письмо́м	письме́
285	ма́рка	ма́рки	ма́рке	ма́рку	ма́ркой	ма́рке
290	телефо́н	телефо́на	телефо́ну	телефо́н	телефо́ном	телефо́не
291	но́мер	но́мера	но́меру	но́мер	но́мером	но́мере
295	а́дрес	а́дреса	а́дресу	а́дрес	а́дресом	а́дресе
296	компью́тер	компью́тера	компью́теру	компью́тер	компью́тером	компью́тере
299	адвока́т	адвока́та	адвока́ту	адвока́та	адвока́том	адвока́те
300	бизнесме́н	безнесме́на	безнесме́ну	бизнесме́на	бизнесме́ном	бизнесме́не
302	по́чта	по́чты	по́чте	по́чту	по́чтой	по́чте

	主格	生格	与格	対格	造格	前置格
304	музе́й	музе́я	музе́ю	музе́й	музе́ем	музе́е
305	библиоте́ка	библиоте́ки	библиоте́ке	библиоте́ку	библиоте́кой	библиоте́ке
306	посо́льство	посо́льства	посо́льству	посо́льство	посо́льством	посо́льстве
332	теа́тр	теа́тра	теа́тру	теа́тр	теа́тром	теа́тре
337	больни́ца	больни́цы	больни́це	больни́цу	больни́цей	больни́це
338	температу́ра	температу́ры	температу́ре	температу́ру	температу́рой	температу́ре
339	медици́на	медици́ны	медици́не	медици́ну	медици́ной	медици́не
340	врач	врача́	врачу́	врача́	врачо́м	враче́
341	медсестра́	медсестры́	медсестре́	медсестру́	медсестро́й	медсестре́
342	боле́знь	боле́зни	боле́зни	боле́знь	боле́знью	боле́зни
343	больно́й	больно́го	больно́му	больно́го	больны́м	больно́м
345	пожа́р	пожа́ра	пожа́ру	пожа́р	пожа́ром	пожа́ре
346	ава́рия	ава́рии	ава́рии	ава́рию	ава́рией	ава́рии
347	маши́на	маши́ны	маши́не	маши́ну	маши́ной	маши́не
348	у́лица	у́лицы	у́лице	у́лицу	у́лицей	у́лице
349	авто́бус	авто́буса	авто́бусу	авто́бус	авто́бусом	авто́бусе
350	самолёт	самолёта	самолёту	самолёт	самолётом	самолёте
351	кора́бль	корабля́	кораблю́	кора́бль	кораблём	карабле́
352	по́езд	по́езда	по́езду	по́езд	по́ездом	по́езде
353	метро́	метро́	метро́	метро́	метро́	метро́
354	ста́нция	ста́нции	ста́нции	ста́нцию	ста́нцией	ста́нции
355	биле́т	биле́та	биле́ту	биле́т	биле́том	биле́те
356	проспе́кт	проспе́кта	проспе́кту	проспе́кт	проспе́ктом	проспе́кте
357	светофо́р	светофо́ра	светофо́ру	светофо́р	светофо́ром	светофо́ре
369	туале́т	туале́та	туале́ту	туале́т	туале́том	туале́те
371	сигаре́та	сигаре́ты	сигаре́те	сигаре́ту	сигаре́той	сигаре́те
372	мо́да	мо́ды	мо́де	мо́ду	мо́дой	мо́де
373	пла́тье	пла́тья	пла́тью	пла́тье	пла́тьем	пла́тье
374	оде́жда	оде́жды	оде́жде	оде́жду	оде́ждой	оде́жде
375	руба́шка	руба́шки	руба́шке	руба́шку	руба́шкой	руба́шке
376	костю́м	костю́ма	костю́му	костю́м	костю́мом	костю́ме
377	пальто́	пальто́	пальто́	пальто́	пальто́	пальто́
378	пиджа́к	приджака́	пиджаку́	пиджа́к	пиджако́м	пиджаке́
379	брю́ки	брюк	брю́кам	брю́ки	брю́ками	брю́ках
380	ю́бка	ю́бки	ю́бке	ю́бку	ю́бкой	ю́бке
382	о́бувь	о́буви	о́буви	о́бувь	о́бувью	о́буви
383	га́лстук	га́лстука	га́лстуку	га́лстук	га́лстуком	га́лстуке
384	ша́пка	ша́пки	ша́пке	ша́пку	ша́пкой	ша́пке
385	очки́	очко́в	очика́м	очки́	очка́ми	очка́х
386	перча́тки	перча́ток	перча́ткам	перча́тки	перча́тками	перча́тках
387	часы́	часо́в	часа́м	часы́	часа́ми	часа́х
388	су́мка	су́мки	су́мке	су́мку	су́мкой	су́мке

	主格	生格	与格	対格	造格	前置格
389	зонт	зонта́	зонту́	зонт	зонто́м	зонте́
390	магази́н	магази́на	магази́ну	магази́н	магази́ном	магази́не
391	коро́бка	коро́бки	коро́бке	коро́бку	коро́бкой	коро́бке
395	де́ньги	де́нег	деньга́м	де́ньги	деньга́ми	деньга́х
396	банкно́т	банкно́та	банкно́ту	банкно́т	банкно́том	банкно́те
397	рубль	рубля́	рублю́	рубль	рублём	рубле́
398	поку́пка	поку́пки	поку́пке	поку́пку	поку́пкой	поку́пке
419	це́рковь	це́ркви	це́ркви	це́рковь	це́рковью	це́ркви
420	за́мок	за́мка	за́мку	за́мок	за́мком	за́мке
421	зал	за́ла	за́лу	зал	за́лом	за́ле
422	чу́вство	чу́вства	чу́вству	чу́вство	чу́вством	чу́встве
428	оце́нка	оце́нки	оце́нке	оце́нку	оце́нкой	оце́нке
441	обеща́ние	обеща́ния	обеща́нию	обеща́ние	обеща́нием	обеща́ние
444	причи́на	причи́ны	причи́не	причи́ну	причи́ной	причи́не
447	пода́рок	пода́рка	пода́рку	пода́рок	пода́рком	пода́рке
451	жизнь	жи́зни	жи́зни	жизнь	жи́знью	жи́зни
464	полови́на	полови́ны	полови́не	полови́ну	полови́ной	полови́не
470	посеще́ние	посеще́ния	посеще́нию	посеще́ние	посеще́нием	посеще́ние
499	приме́р	приме́ра	приме́ру	приме́р	приме́ром	приме́ре

動詞の活用

		動詞タイプ	я	ты	он/она	мы	вы	они
053	зову́т(звать)	第一	зову́	зовёшь	зовёт	зовём	зовёте	зову́т
055	знако́миться	第二	знако́млюсь	знако́мишься	знако́мится	знако́мимся	знако́митесь	знако́мятся
058	извини́те	第二	извиню́	извини́шь	извини́т	извини́м	извини́те	извиня́т
148	отдыха́ть	第一	отдыха́ю	отдыха́ешь	отдыха́ет	отдыха́ем	отдыха́ете	отдыха́ют
151	зака́зывать	第一	зака́зываю	зака́зываешь	зака́зывает	зака́зываем	зака́зываете	зака́зывают
152	уточня́ть	第一	уточня́ю	уточня́ешь	уточня́ет	уточня́ем	уточня́ете	уточня́ют
155	приглаша́ть	第一	приглаша́ю	приглаша́ешь	приглаша́ет	приглаша́ем	приглаша́ете	приглаша́ют
159	есть	特殊変化	ем	ешь	ест	еди́м	еди́те	едя́т
160	гото́вить	第二	гото́влю	гото́вишь	гото́вит	гото́вим	гото́вите	гото́вят
178	пить	第一	пью	пьёшь	пьёт	пьём	пьёте	пьют
201	реша́ть	第一	реша́ю	реша́ешь	реша́ет	реша́ем	реша́ете	реша́ют
204	знать	第一	зна́ю	зна́ешь	зна́ет	зна́ем	знае́те	зна́ют
205	учи́ться	第二	учу́сь	у́чишься	у́чится	у́чимся	у́читесь	у́чатся
206	занима́ться	第一	занима́юсь	занима́ешься	занима́ется	занима́емся	занима́етесь	занима́ются
207	чита́ть	第一	чита́ю	чита́ешь	чита́ет	чита́ем	чита́ете	чита́ют

		動詞タイプ	я	ты	он/она	мы	вы	они
208	повторя́ть	第一	повторя́ю	повторя́ешь	повторя́ет	повторя́ем	повторя́ете	повторя́ют
209	де́лать	第一	де́лаю	де́лаешь	де́лает	де́лаем	де́лаете	де́лают
222	нра́виться	第二	нра́влюсь	нра́вишься	нра́вится	нра́вимся	нра́витесь	нра́вятся
223	хо́теть	特殊変化	хочу́	хо́чешь	хо́чет	хоти́м	хоти́те	хотя́т
224	люби́ть	第二	люблю́	лю́бишь	лю́бит	лю́бим	лю́бите	лю́бят
225	смотре́ть	第二	смотрю́	смо́тришь	смо́трит	смо́трим	смо́трите	смо́трят
226	слу́шать	第一	слу́шаю	слу́шаешь	слу́шает	слу́шаем	слу́шаете	слу́шают
230	петь	第一	пою́	поёшь	поёт	поём	поёте	пою́т
233	танцева́ть	овать動詞	танцу́ю	танцу́ешь	танцу́ет	танцу́ем	танцу́ете	танцу́ют
236	игра́ть	第一	игра́ю	игра́ешь	игра́ет	игра́ем	игра́ете	игра́ют
239	пла́вать	第一	пла́ваю	пла́ваешь	пла́вает	пла́ваем	пла́ваете	пла́вают
272	понима́ть	第一	понима́ю	понима́ешь	понима́ет	понима́ем	понима́ете	понима́ют
274	говори́ть	第二	говорю́	говори́шь	говори́т	говори́м	говори́те	говоря́т
275	сказа́ть	第一	скажу́	ска́жешь	ска́жет	ска́жем	ска́жете	ска́жут
276	отвеча́ть	第一	отвеча́ю	отвеча́ешь	отвеча́ет	отвеча́ем	отвеча́ете	отвеча́ют
277	слы́шать	第二	слы́шу	слы́шишь	слы́шит	слы́шим	слы́шите	слы́шат
278	ви́деть	第二	ви́жу	ви́дишь	ви́дит	ви́дим	ви́дите	ви́дят
279	гуля́ть	第一	гуля́ю	гуля́ешь	гуля́ет	гуля́ем	гуля́ете	гуля́ют
286	писа́ть	第一	пишу́	пи́шешь	пи́шет	пи́шем	пи́шете	пи́шут
287	посыла́ть	第一	посыла́ю	посыла́ешь	посыла́ет	посыла́ем	посыла́ете	посыла́ют
288	дава́ть /дать	第一 /特殊	даю́/дам	даёшь/дади́шь	даёт/даст	даём/дади́м	даёте/дади́те	даю́т/даду́т
292	звони́ть	第二	звоню́	звони́шь	звони́т	звони́м	звони́те	звоня́т
293	жить	特殊変化	живу́	живёшь	живёт	живём	живёте	живу́т
294	роди́ться	第二	рожу́сь	роди́шься	роди́тся	роди́мся	роди́тесь	родя́тся
297	рабо́тать	第一	рабо́таю	рабо́таешь	рабо́тает	рабо́таем	рабо́таете	рабо́тают
298	стать	第一	ста́ну	ста́нешь	ста́нет	ста́нем	ста́нете	ста́нут
301	стро́ить	第二	стро́ю	стро́ишь	стро́ит	стро́им	стро́ите	стро́ят
335	проходи́ть	第二	прохожу́	прохо́дишь	прохо́дит	прохо́дим	прохо́дите	прохо́дят
336	плати́ть	第二	плачу́	пла́тишь	пла́тит	пла́тим	пла́тите	пла́тят
344	умира́ть	第一	умира́ю	умира́ешь	умира́ет	умира́ем	умира́ете	умира́ют
359	ходи́ть	第二	хожу́	хо́дишь	хо́дит	хо́дим	хо́дите	хо́дят
360	бе́гать	第一	бе́гаю	бе́гаешь	бе́гает	бе́гаем	бе́гаете	бе́гают
361	е́здить	第二	е́зжу	е́здишь	е́здит	е́здим	е́здите	е́здят
362	води́ть	第二	вожу́	во́дишь	во́дит	во́дим	во́дите	во́дят
363	лета́ть	第一	лета́ю	лета́ешь	лета́ет	лета́ем	лета́ете	лета́ют

		動詞タイプ	я	ты	он/она	мы	вы	они
364	приходи́ть	第二	прихожу́	прихо́дишь	прихо́дит	прихо́дим	прихо́дите	прихо́дят
365	приезжа́ть	第一	приезжа́ю	приезжа́ешь	приезжа́ет	приезжа́ем	приезжа́ете	приезжа́ют
366	отправля́ться	第一	отправля́юсь	отправля́ешься	отправля́ется	отправля́емся	отправля́етесь	отправля́ются
367	спеши́ть	第二	спешу́	спеши́шь	спеши́т	спеши́м	спеши́те	спеша́т
368	привози́ть	第二	привожу́	приво́зишь	приво́зит	приво́зим	приво́зите	приво́зят
370	кури́ть	第二	курю́	ку́ришь	ку́рит	ку́рим	ку́рите	ку́рят
392	покупа́ть	第一	покупа́ю	покупа́ешь	покупа́ет	покупа́ем	покупа́ете	покупа́ют
394	продава́ть	第一	продаю́	продаёшь	продаёт	продаём	продаёте	продаю́т
399	сто́ить	第二	сто́ю	сто́ишь	сто́ит	сто́им	сто́ите	сто́ят
403	про́бовать	овать 動詞	про́бую	про́буешь	про́бует	про́буем	про́буете	про́буют
404	выбира́ть	第一	выбира́ю	выбира́ешь	выбира́ет	выбира́ем	выбира́ете	выбира́ют
405	находи́ться	第二	нахожу́сь	нахо́дишься	нахо́дится	нахо́димся	нахо́дитесь	нахо́дятся
407	мочь	第一	могу́	мо́жешь	мо́жет	мо́жем	мо́жете	мо́гут
410	успева́ть	第一	успева́ю	успева́ешь	успева́ет	успева́ем	успева́ете	успева́ют
418	ве́рить	第二	ве́рю	ве́ришь	ве́рит	ве́рим	ве́рите	ве́рят
423	чу́вствовать	овать 動詞	чу́вствую	чу́вствуешь	чу́вствует	чу́вствуем	чу́вствуете	чу́вствуют
424	боя́ться	第二	бою́сь	бои́шься	бои́тся	бои́мся	бои́тесь	боя́тся
425	пла́кать	第一	пла́чу	пла́чешь	пла́чет	пла́чем	пла́чете	пла́чут
426	жале́ть	第一	жале́ю	жале́ешь	жале́ет	жале́ем	жале́ете	жале́ют
427	улыба́ться	第一	улыба́юсь	улыба́ешься	улыба́ется	улыба́емся	улыба́етесь	улыба́ются
429	интересова́ться	овать 動詞	интересу́юсь	интересу́ешься	интересу́ется	интересу́емся	интересу́етесь	интересу́ются
430	ду́мать	第一	ду́маю	ду́маешь	ду́мает	ду́маем	ду́маете	ду́мают
431	по́мнить	第二	по́мню	по́мнишь	по́мнит	по́мним	по́мните	по́мнят
432	забыва́ть	第一	забыва́ю	забыва́ешь	забыва́ет	забыва́ем	забыва́ете	забыва́ют
435	беспоко́иться	第二	беспоко́юсь	беспоко́ишься	беспоко́ится	беспоко́имся	беспоко́итесь	беспоко́ятся
436	устава́ть	第一	устаю́	устаёшь	устаёт	устаём	устаёте	устаю́т
437	увлека́ться	第一	увлека́юсь	увлека́ешься	увлека́ется	увлека́емся	увлека́етесь	увлека́ются
440	иска́ть	第二	ищу́	и́щешь	и́щет	и́щем	и́щете	и́щут
442	звать	第一	зову́	зовёшь	зовёт	зовём	зовёте	зову́т
443	жда́ть	第一	жду	ждёшь	ждёт	ждём	ждёте	жду́т
446	поздравля́ть	第一	поздравля́ю	поздравля́ешь	поздравля́ет	поздравля́ем	поздравля́ете	поздравля́ют
448	отмеча́ть	第一	отмеча́ю	отмеча́ешь	отмеча́ет	отмеча́ем	отмеча́ете	отмеча́ют
449	получа́ть	第一	получа́ю	получа́ешь	получа́ет	получа́ем	получа́ете	получа́ют
450	расска́зывать	第一	расска́зываю	расска́зываешь	расска́зывает	расска́зываем	расска́зываете	расска́зывают
452	представля́ть	第一	преставля́ю	представля́ешь	представлля́ет	представля́ем	представля́ете	представля́ют

		動詞タイプ	я	ты	он/она	мы	вы	они
453	наслажда́ться	第一	наслажда́юсь	наслажда́ешься	наслажда́ется	наслажда́емся	наслажда́етесь	наслажда́ются
454	возвраща́ться	第一	возвраща́юсь	возвраща́ешься	возвраща́ется	возвраща́емся	возвраща́етесь	возвраща́ются
474	начина́ть	第一	начина́ю	начина́ешь	начина́ет	начина́ем	начина́ете	начина́ют
475	конча́ть	第一	конча́ю	конча́ешь	конча́ет	конча́ем	конча́ете	конча́ют
476	спать	第二	сплю	спишь	спит	спим	спи́те	спят
477	встава́ть	第一	встаю́	встаёшь	встаёт	встаём	встаёте	встаю́т
478	помога́ть	第一	помога́ю	помога́ешь	помога́ет	помога́ем	помога́ете	помога́ют
479	открыва́ть	第一	открыва́ю	открыва́ешь	открыва́ет	открыва́ем	открыва́ете	открыва́ют
480	закрыва́ть	第一	закрыва́ю	закрыва́ешь	закрыва́ет	закрыва́ем	закрыва́ете	закрыва́ют
482	пока́зывать	第一	пока́зываю	пока́зываешь	пока́зывает	пока́зываем	пока́зываете	пока́зывают
483	опа́здывать	第一	опа́здываю	опа́здываешь	опа́здывает	опа́здываем	опа́здываете	опа́здывают
484	повора́чивать	第一	повора́чиваю	повора́чиваешь	повора́чивает	повора́чиваем	повора́чиваете	повора́чивают
485	поставля́ть	第一	поставля́ю	поставля́ешь	поставля́ет	поставля́ем	поставля́ете	поставля́ют
486	входи́ть	第二	вхожу́	вхо́дишь	вхо́дит	вхо́дим	вхо́дите	вхо́дят
487	выходи́ть	第二	выхожу́	выхо́дишь	выхо́дит	выхо́дим	выхо́дите	выхо́дят
488	поднима́ться	第一	поднима́юсь	поднима́ешься	поднима́ется	поднима́емся	поднима́етесь	поднима́ются
489	спуска́ться	第一	спуска́юсь	спуска́ешься	спуска́ется	спуска́емся	спуска́етесь	спуска́ются
490	па́дать	第一	па́даю	па́даешь	па́дает	па́даем	па́даете	па́дают
491	мыть	第一	мо́ю	мо́ешь	мо́ет	мо́ем	мо́ете	мо́ют
492	остана́вливать	第一	остана́вливаю	остана́вливаешь	остана́вливает	остана́вливаем	остана́вливаете	остана́вливают
493	жени́ться	第二	женю́сь	же́нишься	же́нится	же́нимся	же́нитесь	же́нятся
494	изменя́ть	第一	изменя́ю	изменя́ешь	изменя́ет	изменя́ем	изменя́ете	изменя́ют
495	встреча́ть	第一	встреча́ю	встреча́ешь	встреча́ет	встреча́ем	встреча́ете	встреча́ют
496	оставля́ть	第一	оставля́ю	оставля́ешь	оставля́ет	оставля́ем	оставля́ете	оставля́ют
497	проси́ть	第二	прошу́	про́сишь	про́сит	про́сим	про́сите	про́сят
498	зараба́тывать	第一	зараба́тываю	зараба́тываешь	зараба́тывает	зараба́тываем	зараба́тываете	зараба́тывают
500	остава́ться	第一	остаю́сь	остаёшься	остаётся	остаёмся	остаётесь	остаю́тся
501	предпочита́ть	第一	предпочита́ю	предпочита́ешь	предпочита́ет	предпочита́ем	предпочита́ете	предпочита́ют
502	нажима́ть	第一	нажима́ю	нажима́ешь	нажима́ет	нажима́ем	нажима́ете	нажима́ют
503	вытя́гивать	第一	вытя́гиваю	вытя́гиваешь	вытя́гивает	вытя́гиваем	вытя́гиваете	вытя́гивают
504	передвига́ть	第一	передвига́ю	передвига́ешь	передвига́ет	передвига́ем	передвига́ете	передвига́ют

見出し語索引

堅山 洋子（たてやま・ようこ）

　創価大学英文学科出身。1985 年 〜 1986 年ロシア国立モスクワ大学に留学，1988 年〜 1990 年までモスクワ事務所で商社駐在員，その後ソ連タス通信に翻訳員として勤務。1992 年からはフリーランスのロシア語通訳・翻訳・通訳案内士として活動中。2012 年より神奈川ユーラシア協会横浜ロシア語センター他のロシア語講師を開始した。

オリガ・タラリキナ（Ольга Тарарыкина）

　2013 年ウラジオストク極東連邦大学文学部「外国語としてのロシア語」教授法専攻卒業。2013 〜 15 年ウラジオストク極東連邦大学ロシア語文化センターにてロシア語講師。2015 年来日。2016 年 4 月より神奈川ユーラシア協会横浜ロシア語センター他多数の教室でロシア語講師として活動中。

© Yoko Tateyama; Olga Tararykina, 2024, Printed in Japan

1 か月で復習する
ロシア語 基本の 500 単語

2024 年 4 月 10 日　　　初版第 1 刷発行

著　　者	堅山 洋子／オリガ・タラリキナ	
制　　作	ツディブックス株式会社	
発 行 者	田中 稔	
発 行 所	株式会社 語研	
	〒 101-0064	
	東京都千代田区神田猿楽町 2-7-17	
	電　話　03-3291-3986	
	ファクス　03-3291-6749	
	振替口座　00140-9-66728	
組　　版	ツディブックス株式会社	
印刷・製本	シナノ書籍印刷株式会社	

ISBN978-4-87615-427-2　C0087
書名　イッカゲツデフクシュウスル ロシアゴ キホンノ ゴヒャクタンゴ
著者　タテヤマ ヨウコ／オリガ タラリキナ

定価：本体 2,200 円＋税（10%）（税込定価：2,420 円）
乱丁本，落丁本はお取り替えいたします。

株式会社 語研
語研ホームページ https://www.goken-net.co.jp/

本書の感想は
スマホから↓